新《公司法》中
股份有限公司规则
理解与运用

北京市金杜法律研究院　编著
欧阳振远　主编　迟骋　副主编

北京

图书在版编目（CIP）数据

新《公司法》中股份有限公司规则理解与运用 / 北京市金杜法律研究院编著；欧阳振远主编. -- 北京：法律出版社，2025. -- ISBN 978-7-5244-0590-0

Ⅰ. D922.291.914

中国国家版本馆 CIP 数据核字第 2025X5G550 号

新《公司法》中股份有限公司规则理解与运用 XIN《GONGSIFA》ZHONG GUFEN YOUXIAN GONGSI GUIZE LIJIE YU YUNYONG	北京市金杜法律研究院　编著 欧阳振远　主编	策划编辑　沈小英 责任编辑　鲁　安 装帧设计　李　瞻

出版发行　法律出版社		开本　A5
编辑统筹　法治与经济出版分社		印张 9.625　字数 249 千
责任校对　李慧艳		版本 2025 年 8 月第 1 版
责任印制　吕亚莉		印次 2025 年 8 月第 1 次印刷
经　　销　新华书店		印刷　三河市龙大印装有限公司

地址：北京市丰台区莲花池西里 7 号(100073)
网址：www.lawpress.com.cn　　　　　　销售电话：010-83938349
投稿邮箱：info@lawpress.com.cn　　　　客服电话：010-83938350
举报盗版邮箱：jbwq@lawpress.com.cn　　咨询电话：010-63939796
版权所有·侵权必究

书号：ISBN 978-7-5244-0590-0　　　　　定价：68.00 元

凡购买本社图书，如有印装错误，我社负责退换。电话：010-83938349

编 委 会

主　编：欧阳振远

副主编：迟　骋

编　委（以姓氏拼音为序）：

　　焦福刚　刘知卉　柳思佳

　　唐丽子　杨　婷

前　言

《公司法》颁布 30 周年之际，全国人民代表大会常务委员会对其进行了力度最大的一次修订。此次修订坚持问题导向，坚持立足国情与吸收借鉴国内外成熟实践经验和理论成果相结合，正面回应市场关切和投资者需求，在完善公司资本制度、优化公司治理、加强股东保护等方面进行了众多针对性和创新性修订，为便利公司投融资、优化公司机制提供了更为丰富的制度选择，可谓亮点纷呈。

保障和促进公司的生存权和发展权是《公司法》修订的首要原则。新《公司法》强化了公司自治，放松了法律管制，强化了董事会的经营职能、监督职能和独立地位，扩大了公司在监事、经理方面的自治空间，增加了经理职权范围的弹性，有助于激发公司经营活力、提高经营效率。与此同时，新《公司法》加大了董事、监事、高级管理人员以及控股股东、实际控制人的义务和责任，从制度上加强了对公司股东、债权人合法权益的保护。新《公司法》的实施,在规范公司的组织和行为,保护公司、股东、职工和债权人的合法权益,弘扬企业家精神等诸多方面将发挥积极作用,对实现社会主义市场经济体制高质量发展的目标,优化营商环境,促进资本市场健康发展意义非凡。

为帮助社会各界深入学习领会新《公司法》,尤其是促进新《公司法》有关股份有限公司规则的正确理解与运用,本书结合《公司法》2023年修订中新增或修改的资本制度、公司治理制度、交易活动等方面,解读论证其制度价值和实践操作,并分析其对上市公司并购重组交易可能产生的若干影响。

目录 CONTENTS

第一章 新《公司法》的立法导向和目标

第一节 │《公司法》发展历程 / 3
第二节 │ 新《公司法》修订背景 / 5
第三节 │ 新《公司法》修订情况概览 / 8

第二章 股份有限公司资本与股份

第一节 │ 股份有限公司的发起人 / 13
    一、新《公司法》相关规定 / 13
    二、发起人的职责及法律地位 / 14
    三、发起人的法律责任 / 16

第二节 │ 股份有限公司资本制度 / 18
    一、新《公司法》相关规定 / 18
    二、资本制度概述 / 19

三、股份有限公司的授权资本制度 / 20

四、股份类别 / 22

第三节 | 股份转让及优先认购权 / 27

一、新《公司法》相关规定 / 27

二、股份转让 / 28

三、优先认购权 / 29

第四节 | 简易减资制度 / 30

一、新《公司法》相关规定 / 30

二、减资制度概述 / 31

三、简易减资制度的关注要点 / 31

第三章 股份公司组织结构与公司治理

第一节 | 公司组织架构和有效治理的问题由来 / 35

一、公司治理三大关键角色 / 35

二、公司治理三组重要关系 / 36

三、股份公司治理架构 / 38

第二节 | 董事会 / 39

一、新《公司法》相关规定 / 39

二、董事会的定位 / 40

三、董事会的职权 / 41

四、董事的选举与无因解任 / 45

第三节 | 审计委员会制度与监事会制度 / 51

一、新《公司法》相关规定 / 51

二、监事会的职责与功能 / 52

三、审计委员会制度现状 / 53

四、采用单层制治理结构 / 54

第四节 | 经理制度 / 55

一、新《公司法》相关规定 / 55

二、经理的聘任和解任 / 55

三、经理层的薪酬及激励 / 56

第五节 | 法定代表人制度 / 58

一、新《公司法》相关规定 / 58

二、法定代表人制度及现状 / 59

三、法定代表人制度的完善 / 60

第六节 | 公司章程与公司自治 / 64

第四章 股份有限公司董事、监事、高级管理人员的义务与责任

第一节 | 董事、监事、高级管理人员的法律地位 / 73

一、董事、监事、高级管理人员与公司的法律关系 / 73

二、董事、监事、高级管理人员的法律地位 / 75

第二节 | 董事、监事、高级管理人员的资格 / 76

一、董事、监事、高级管理人员的积极资格 / 76

二、董事、监事、高级管理人员的消极资格 / 77

第三节 | 董事、监事、高级管理人员的义务 / 79

一、新《公司法》相关规定 / 79

二、忠实义务 / 81

三、勤勉义务 / 84

四、新《公司法》关于董监高义务的规制体系 / 86

第四节 | 董事、监事、高级管理人员的责任 / 88

一、新《公司法》相关规定 / 88

二、董事、监事、高级管理人员的民事赔偿责任 / 90

三、董事、监事、高级管理人员的行政责任 / 97

第五章 控股股东、实际控制人的义务与责任

第一节 | 控股股东、实际控制人的义务与责任概述 / 101

一、控股股东、实际控制人的内涵 / 101

二、控股股东、实际控制人违规案例 / 103

三、新《公司法》关于控股股东、实际控制人的规范概览 / 105

第二节 | 控股股东不得滥用股东权利 / 107

一、新《公司法》相关规定 / 107

二、规则解读 / 108

三、案例:袁某某与长江置业(湖南)发展有限公司请求公司收购股份纠纷案 / 112

第三节 控股股东、实际控制人不得利用关联关系损害公司利益 / 114

一、新《公司法》相关规定 / 114

二、规则解读 / 114

三、案例:西安陕鼓汽轮机有限公司与高某某等公司关联交易损害责任纠纷案 / 115

第四节 事实董事制度 / 119

一、新《公司法》相关规定 / 119

二、规则解读 / 119

三、案例:单某某等与叶某某等侵权责任纠纷案 / 121

第五节 影子董事制度 / 125

一、新《公司法》相关规定 / 125

二、规则解读 / 125

三、案例:康美药业证券虚假陈述责任纠纷案 / 126

第六章　股东权益保护

第一节 ｜ 股东双重代表诉讼制度 / 131
　　一、新《公司法》相关规定 / 131
　　二、规则解读 / 132

第二节 ｜ 股东查阅会计凭证的权利 / 141
　　一、新《公司法》相关规定 / 141
　　二、规则解读 / 142

第三节 ｜ 股东回购救济制度 / 150
　　一、新《公司法》相关规定 / 150
　　二、规则解读 / 151

第七章　新《公司法》对上市公司并购重组交易活动的影响

第一节 ｜ 资本制度 / 159
　　一、授权资本制的采用 / 159
　　二、类别股制度的确立 / 165
　　三、出资资产范围的扩大 / 173

第二节 ｜ 公司治理 / 178

一、股东会临时提案持股比例标准的降低 / 178

二、上市公司股份禁止代持规则的明确 / 188

第三节 | 交易活动 / 195

一、财务资助制度的确立 / 195

二、简易合并制度的采用 / 202

三、限售股份质权行使的限制 / 207

第四节 | 上市公司并购重组相关的其他制度 / 212

一、允许一人股份有限公司，便利收购股份公司 / 212

二、横向法人人格否认，扩大并购核查范围 / 214

三、明确董监高义务，提升上市公司控制权交易中董监高话语权 / 217

四、董事解聘可获偿与"金色降落伞"制度 / 218

第八章　新《公司法》中的其他关联性制度

第一节 | 公司集团合并"揭开公司面纱"制度 / 223

一、新《公司法》相关规定 / 223

二、"法人人格否认"制度沿革与新《公司法》的修改 / 223

三、适用"法人人格否认"制度的构成要件梳理 / 228

四、"横向法人人格否认"的典型案例:15号指导案例 / 234

五、"逆向法人人格否认"的实践争议 / 243

第二节 国家出资公司的特别规定 / 248

一、新《公司法》相关规定 / 248

二、国家出资公司进行特别规定的制度背景 / 250

三、国家出资公司的概念厘清 / 251

四、国家出资公司治理制度的特别规定 / 254

五、国有独资公司治理制度的修订 / 257

第三节 上市公司应披露股东及实际控制人信息的特别规定 / 263

一、新《公司法》相关规定 / 263

二、上市公司披露股东及实际控制人信息的证券监管要求 / 263

三、新《公司法》的修改内容及制度意义 / 264

四、未如实披露股东及实际控制人信息的证券合规及证券诉讼风险 / 266

五、上市公司股权代持的合同效力 / 274

第四节 上市公司禁止纵向交叉持股 / 284

一、新《公司法》相关规定 / 284

二、交叉持股制度沿革及新《公司法》的制度修改 / 284

三、交叉持股的利弊分析 / 291

第一章

新《公司法》的立法导向和目标

本章主要介绍《中华人民共和国公司法》（以下简称《公司法》）的发展历程，以及2023年《公司法》修订的背景及主要修订内容，从而帮助读者对2023年《公司法》及本书的结构有一个整体性的把握及理解。

第一节 《公司法》发展历程

1993年12月29日,八届全国人大常委会第五次会议通过了《公司法》。这是新中国第一部《公司法》,在确立和推动我国现代公司制度建设方面发挥了巨大的作用。为了满足市场经济发展需要,回应公司数量和规模不断扩大过程中出现的制度问题,我国《公司法》经历了两次大规模修订、四次小规模修正。公司法的制定和修改,与我国社会主义市场经济体制的建立和完善密切相关,在建立健全现代企业制度、促进社会主义市场经济持续健康发展方面发挥了重要作用。

在《公司法》制定后,立法机关先后于1999年和2004年对《公司法》个别条款内容进行修改,而后于2005年对《公司法》进行了大规模修订,内容主要涉及降低公司注册资本额、扩大出资方式范围、允许设立一人有限公司、增加监事会职权、增加股东代表诉讼规则、增加上市公司独立董事规则、完善股东和债权人保护机制、增加股份发行等公司融资规则等诸多方面。

此后,《公司法》分别于 2013 年和 2018 年经历了两次重要修正,对公司资本制度相关问题进行了重要修改。2013 年修正主要涉及取消公司法定注册资本最低限额,确定全面认缴制并取消有限责任公司和发起设立的股份有限公司的强制验资要求。2018 年主要针对回购制度进行修改,包括增加股份回购的具体情形、简化股份回购的决策程序、完善上市公司股份回购的规范要求等。

《公司法》2023 年修订工作自 2019 年启动,历经全国人大常委会四次审议最终通过。2021 年 12 月,十三届全国人大常委会第三十二次会议审议了《中华人民共和国公司法(修订草案)》(以下简称《修订草案》)。2022 年 12 月,十三届全国人大常委会第三十八次会议对《修订草案》进行了二次审议。2023 年 8 月,十四届全国人大常委会第五次会议对《修订草案》进行了三次审议。在《公司法》颁布后整 30 年之日(2023 年 12 月 29 日),十四届全国人大常委会第七次会议通过了最新修订的《公司法》(以下简称新《公司法》),新《公司法》自 2024 年 7 月 1 日起施行。

第二节 新《公司法》修订背景

公司是市场经济中最典型、最普遍、最重要的企业组织形式。[1]《公司法》是公司设立、活动、解散以及其他对内对外行为的基本依据,其制定和修改与我国社会主义市场经济制度的建立和完善密切相关。在《公司法》颁布实施的 30 年里,我国现代企业制度不断建立健全,社会主义市场经济持续健康发展。与此同时,一些公司法律制度逐渐显现出与发展和改革不适应、不协调的问题,一些原则性的规定亟须被进一步细化,个别制度漏洞仍须被填补完善。自党的十八大以来,党中央在深化国有企业改革、优化营商环境、加强产权保护、促进资本市场健康发展等方面作出了一系列重大决策部署,推动公司制度和实践进一步完善发展,同时对

---

[1] 参见李博:《现代化经济体系建设中的经济法理论研究》,山西经济出版社 2021 年版,第 30 页。

《公司法》修改提出相应任务要求。修改《公司法》是落实党中央决策部署的重要举措，被列入十三届全国人大常委会立法规划。2019年年初，全国人大常委会法制工作委员会成立由最高人民法院、国务院国资委、国家市场监督管理总局、中国证监会等中央有关部门以及部分专家学者参加的公司法修改起草组，经多次征求意见、反复修改完善，最终修订的《公司法》于2023年12月29日审议通过。[1]

根据全国人大常委会就《公司法》修订草案作出的说明，《公司法》2023年修订的目标和价值取向主要涉及四个方面：第一，深化国有企业改革、完善中国特色现代企业制度；第二，持续优化营商环境、激发市场创新活力；第三，完善产权保护制度、依法加强产权保护；第四，健全资本市场基础性制度、促进资本市场健康发展。

基于上述修订背景，新《公司法》保持2018年《公司法》整体框架结构、基本制度稳定，以维护法律制度的连续性、稳定性，并在此基础上，从中国实际出发，将实践中行之有效的做法、改革成果等上升为法律规范。《公司法》2023年修订贯彻落实党中央决策部署，坚持问题导向，深入总结实践经验，完善公司资本制度和公司治理结构，加强股东权利保护，强化控股股东、实际控制人和经营管理人员责

---

[1] 参见王翔：《新〈公司法〉时代背景与内容解读》，载《中国法律评论》2024年第2期。

任,对于完善中国特色现代企业制度、推动经济高质量发展意义重大,体现了科学立法、民主立法、依法立法,是习近平法治思想的生动实践。

第三节 新《公司法》修订情况概览

新《公司法》在2018年《公司法》13章218条的基础上,增加至15章266条。其中,仅36个条文是从2018年《公司法》平移而来的,其余230个条文中有49条是新增条文,有181条存在不同程度的修改和整合,新增和修改条文数量约占新法条文总数的86%。[1]

从内容上来看,新《公司法》对2018年《公司法》进行了全面修订,增加了公司登记与信息公示制度,完善了公司资本制度,优化了公司治理相关规则,加强了股东权利保护,强化了控股股东、实际控制人、董事、监事和高级管理人员的责任,完善了公司设立和退出制度,完善了国家出资公司及公司债券相关规定。

《公司法》2023年修订涉及诸多重大制度创新,回应了长期困扰

---

[1] 参见林一英、周荆、禹海波编著:《公司法新旧对照与条文解读》,法律出版社2023年版,"序言"。

审判实践的争议问题,将公司法司法解释、《全国法院民商事审判工作会议纪要》(以下简称《九民纪要》)及《中华人民共和国民法典》(以下简称《民法典》)相关规定等落实到具体规则之中,并采用了公司实务及相关规则,既奠定了公司法律制度的新基础,也开启了公司经营和治理的新篇章。

新《公司法》颁行以后,社会各界展开了新一轮学习、宣传、解读、研究新《公司法》的热潮。值此之际,本书以新《公司法》的内容和结构为基础,以问题为导向,结合法理基础、制度内涵和法律实践,对新《公司法》中关涉上市公司、挂牌公司及拟上市、挂牌公司的重点关注问题进行解读。根据新《公司法》修订内容及其对实践的影响,本书将在以下七个章节中进行分析解读。

第二章

股份有限公司资本与股份

本章将主要介绍新《公司法》中与股份有限公司资本及股份相关的制度，包括发起人的民事责任与行政责任、股份有限公司资本制度、股份的转让及优先认购权，以及新《公司法》增加的简易减资制度。通过对上述法律制度的分析和解读，为实务提供指引。

第一节 股份有限公司的发起人

一、新《公司法》相关规定

第九十二条 设立股份有限公司,应当有一人以上二百人以下为发起人,其中应当有半数以上的发起人在中华人民共和国境内有住所。

第九十八条 发起人应当在公司成立前按照其认购的股份全额缴纳股款。

发起人的出资,适用本法第四十八条、第四十九条第二款关于有限责任公司股东出资的规定。

第九十九条 发起人不按照其认购的股份缴纳股款,或者作为出资的非货币财产的实际价额显著低于所认购的股份的,其他发起人与该发起人在出资不足的范围内承担连带责任。

第一百零五条 公司设立时应发行的股份未募足,或者发行股份的股款缴足后,发起人在三十日内未召开成立大会的,认股人可以按照所缴股款并加算银行同期存款利息,要求发起人返还。

发起人、认股人缴纳股款或者交付非货币财产出资后,除未按期募足股份、发起人未按期召开成立大会或者成立大会决议不设立公司的情形外,不得抽回其股本。

第二百五十二条 公司的发起人、股东虚假出资,未交付或者未按期交付作为出资的货币或者非货币财产的,由公司登记机关责令改正,可以处以五万元以上二十万元以下的罚款;情节严重的,处以虚假出资或者未出资金额百分之五以上百分之十五以下的罚款;对直接负责的主管人员和其他直接责任人员处以一万元以上十万元以下的罚款。

第二百五十三条 公司的发起人、股东在公司成立后,抽逃其出资的,由公司登记机关责令改正,处以所抽逃出资金额百分之五以上百分之十五以下的罚款;对直接负责的主管人员和其他直接责任人员处以三万元以上三十万元以下的罚款。

二、发起人的职责及法律地位

新《公司法》并未对发起人作出明确定义,也未对股份有限公司发起人主体资格作出明确规定。一般理解,股份有限公司发起人即发起设立股份有限公司者。从主体上讲,股份有限公司发起人可以是自然人,也可以是非自然人。就自然人而言,应具备完全民事行为能力,可以是中国籍自然人,也可以是非中国籍自然人。就非自然人而言,可以是依据中国法律设立并存续的个人独资企业、合伙企业和公司制企业,也可以是依据境外法律设立并存续的外国公司制企业、非公司制企业。从人数上讲,股份有限公司发起人可以是一人。但鉴于新《公司法》第92条规定,设立股份有限公司的发起人应当有半数以上在中华人民共和国境内有住所,若股份有限公司发起人包括境外自然人或非自然人,则该股份有限公司的发起人人数至少应为2人,且其中至少有一半应在中国境内有住所。

关于发起人的职责。新《公司法》第93条规定,股份有限公司发起人承担公司筹办事务。结合实际情况及新《公司法》第44条、第93条、第94条、第97条、第98条、第103条、第107条的规定,发起人负责筹办公司设立具体事项,包括但不限于:第一,发现商业机会,选择拟议中公司赛道,架构公司愿景、股权结构及治理结构;第二,联合志同道合人员,签署发起人协议,约定发起人享有的权利和承担的义务;第三,制定公司章程;第四,缴纳认购的股份;第五,召开公司成立大会等。

若股份有限公司如期设立,发起人即公司创始股东,依据《公司法》及公司章程享有股东权利、承担股东义务。若股份有限公司未能如期设立,发起人则依据发起人协议约定承担设立公司过程中产生的债权债务。

三、发起人的法律责任

新《公司法》关于发起人的法律责任主要规定了民事责任和行政责任两个方面。

在公司未能成功设立的情况下，根据新《公司法》第44条第2款、第105条第1款和第107条的规定，以发起设立方式设立股份有限公司的发起人要按照发起人协议的约定，对设立行为所产生的债务和费用承担连带责任；以募集设立方式设立股份有限公司的发起人，在公司设立时应发行的股份未募足，或者发行股份的股款缴足后30日内未召开成立大会的，对认股人已缴纳的股款负有返还股款并加算银行同期存款利息的责任。

在公司如期设立的情况下，发起人主要承担三方面的民事责任：第一，承担出资不足的连带责任。新《公司法》第99条规定，发起人不按照其认购的股份缴纳股款，或者作为出资的非货币财产的实际价额显著低于所认购的股份的，其他发起人与该发起人在出资不足的范围内承担连带责任。第二，承担因出资不足给公司造成损失的赔偿责任。根据新《公司法》第49条第3款、第107条的规定，股东未按期足额缴纳出资的，除应当向公司足额缴纳外，还应当对给公司造成的损失承担赔偿责任。第三，承担抽逃出资的法律责任。新《公司法》第105条第2款规定，发起人、认股人缴纳股款或者交付非货币财产出资后，除未按期募足股份、发起人未按期召开成立大会或者成立大会决议不设立公司的情形外,不得抽回其股本。违反前款规定的,股东应当返还抽逃的出资;给公司造成损失的,负有责任的董事、监事、高级管理人员应当与该股东承担连带赔偿责任。

发起人的行政责任主要规定于新《公司法》第 252 条和第 253 条两个条款中。第 252 条规定,公司的发起人、股东虚假出资,未交付或者未按期交付作为出资的货币或者非货币财产的,由公司登记机关责令改正,可以处以 5 万元以上 20 万元以下的罚款;情节严重的,处以虚假出资或者未出资金额 5% 以上 15% 以下的罚款;对直接负责的主管人员和其他直接责任人员处以 1 万元以上 10 万元以下的罚款。第 253 条规定,公司的发起人、股东在公司成立后,抽逃其出资的,由公司登记机关责令改正,处以所抽逃出资金额 5% 以上 15% 以下的罚款;对直接负责的主管人员和其他直接责任人员处以 3 万元以上 30 万元以下的罚款。

第二节　股份有限公司资本制度

一、新《公司法》相关规定

第九十六条　股份有限公司的注册资本为在公司登记机关登记的已发行股份的股本总额。在发起人认购的股份缴足前,不得向他人募集股份。

法律、行政法规以及国务院决定对股份有限公司注册资本最低限额另有规定的,从其规定。

第九十七条　以发起设立方式设立股份有限公司的,发起人应当认足公司章程规定的公司设立时应发行的股份。

以募集设立方式设立股份有限公司的,发起人认购的股份不得少于公司章程规定的公司设立时应发行股份总数的百分之三十五;但是,法律、行政法规另有规定的,从其规定。

第九十八条　发起人应当在公司成立前按照其认购的股份全额

缴纳股款。

发起人的出资,适用本法第四十八条、第四十九条第二款关于有限责任公司股东出资的规定。

第一百五十二条 公司章程或者股东会可以授权董事会在三年内决定发行不超过已发行股份百分之五十的股份。但以非货币财产作价出资的应当经股东会决议。

董事会依照前款规定决定发行股份导致公司注册资本、已发行股份数发生变化的,对公司章程该项记载事项的修改不需再由股东会表决。

第一百五十三条 公司章程或者股东会授权董事会决定发行新股的,董事会决议应当经全体董事三分之二以上通过。

二、资本制度概述

资本是公司生产经营的重要来源。何谓资本?从法律性质来看,资本与资金有所不同。资金于公司犹如血液于人体,是公司生产经营所需之源。股份有限公司的资金主要有两个来源:一是发起人、认股人、股东缴纳的股款,即公司资本;二是公司以自己的名义举债,包括向金融类机构借款及以自己名义发行的债券,如可转债。

公司资本制度主要分为三种类型,即法定资本制、认缴资本制和授权资本制。法定资本制,是指公司设立时必须在公司章程中对公司的资本总额作出规定,并由股东全部缴足,否则公司不能成立。例如,我国1993年《公司法》规定的就是严格的法定资本制,要求注册资本在公司设立时必须全部缴足,并设定了最低注册资本限额。认缴资本制,是指股东在公司章程中约定认缴的出资额、出资方式、出资期限等,但在公司成立时不需要一次性缴足全部注册资本。我国2018年《公司法》采取的就是认缴资本制。授权资本制,是指公司设立时在公司章程中确定股份总数,不必全部发行,发起人只需认购部分股份,公司即可成立;未发行部分,授权董事会根据需要,在公司成立后随时募集。授权资本制在我国经过30年的立法及实践摸索,终于在新《公司法》中予以确定。

授权资本制与认缴资本制主要存在三方面差异:一是在股份发行决定权限方面,授权资本制由公司董事会根据公司章程或股东会的授权决定公司股份发行事项,认缴资本制则需修改公司章程并由股东会决定公司股份发行事项。二是在公司章程记载事项方面,授权资本制下公司章程记载的是公司股份总数和设立时应发行股份总数,认缴资本制下公司章程记载的是股东认缴的公司资本总额。三是在公司登记方面,授权资本制中登记的是公司实收资本总额,而认缴资本制中登记的是股东认缴的公司资本总额。

三、股份有限公司的授权资本制度

(一)新《公司法》关于授权资本制度的规制

新《公司法》关于股份有限公司的资本制度主要规定在5个条款

中,分别是第96条、第97条、第98条、第152条和第153条。第96条是关于股份有限公司注册资本的定义以及股份发行限制的规定,是新增条文,对2018年《公司法》股份有限公司注册资本的规定作出了重大修改,将股份有限公司的注册资本认定为已发行股份的股本总额。第97条是关于以发起设立方式以及以募集设立方式设立股份有限公司的发起人认购股份限制的规定。第98条是关于股份有限公司发起人缴纳股款以及出资方式的规定。第152条是关于股份有限公司股份授权发行的具体规定。该条规定,公司章程或者股东会可以授权董事会在3年内决定发行不超过已发行股份50%的股份。董事会依照前款规定决定发行股份导致公司注册资本、已发行股份数发生变化的,对公司章程该项记载事项的修改不需再由股东会表决。第153条规定,公司章程或者股东会授权董事会决定发行新股的,董事会决议应当经全体董事2/3以上通过。

关于授权资本制,实践中应重点把握三个方面:第一,授权资本制的适用对象是股份有限公司。第二,授权的比例不超过已发行股份的50%。第三,授权的期限为3年,而非无限期的授权。

(二)授权资本制在我国公司实务中的法律意义

授权资本制对我国公司运作的意义重大。首先,授权资本制大大简化了公司注册资本应履行的内部决策程序,提高了公司增加注册资本的效率及灵活性。其次,授权资本制要求发起人足额缴纳其认购的公司股份,不仅解决了公司生产经营对资金的需求,而且对债权人的利益及交易安全起到保障作用。最后,授权资本制鼓励发起人根据实际情况科学合理设计公司股本结构特别是初始资本,减少认缴资本制下股东因违反分期缴纳义务而产生的法律争讼。

四、股份类别

(一)普通股和类别股

依据股东享有权益、承担风险的大小,可将股份分为普通股和类别股。普通股,是指每一股份对公司财产享有平等权利、承担平等义务的股份,是股份有限公司最基本的股份。普通股的法律特征主要表现在三个方面:第一,普通股股东有权获得股息,但股息具有不确定性,其多少完全取决于公司的生产经营情况,而且获得股息的顺序位于公司债息和优先股股息之后。第二,公司因破产或结业清算时,普通股股东参与公司剩余资产分配的顺序位于公司债权人、优先股股东之后。第三,普通股股东一般均具有表决权,有权参加公司股东会并对公司重大事项行使表决权。

类别股,又称特别股,是指公司发行的在权利义务内容上与普通股具有差异的股份总称。类别股在各主要国家公司法上的规制不尽相同。英美法系国家公司法通常只原则性规定类别股的定义,不列举也不限制类别股的种类,允许公司章程自由创设不同类型的类别股。大陆法系国家和地区的有关公司法通常明确规定类别股的类型,实行类别股法定主义,不允许公司在法定类别之外另行创设类别股。

在过去的30余年间,类别股在我国公司实践和法律演变的过程中逐渐发展起来。在《公司法》出台前,1992年《股份有限公司规范意见》就允许公司在设置普通股的同时设置优先股。1993年《公司法》规定,国务院可以对公司发行本法规定的股票以外的其他种类的股票,另行作出规定。1994年8月4日,《国务院关于股份有限公司境外募集股份及上市的特别规定》规定了境外上市外资股。1994年8月27日,《到境外上市公司章程必备条款》第九章专章规定类别股东表决的特别程序,其中第78条规定,持有不同种类股份的股东,为类别股东。类别股东依据法律、行政法规和公司章程的规定,享有权利和承担义务。1995年12月25日,《国务院关于股份有限公司境内上市外资股的规定》规定了境内上市外资股。2013年11月30日,《国务院关于开展优先股试点的指导意见》明确规定了优先股股东的权利与义务、发行与交易、组织管理和配套政策等内容。2014年3月21日,证监会《优先股试点管理办法》明确具体地规定了股份有限公司发行优先股的条件、应履行的法定程序等。2019年3月,《上海证券交易所科创板股票上市规则》允许表决权差异安排的公司的上市申请。新《公司法》确立了公司可以按照公司章程规定类别股制度,实行类别股法定主义,其第144条规定:"公司可以按照公司章程的规定发行下列与普通股权利不同的类别股:(一)优先或者劣后分配利润或者剩余财产的股份;(二)每一股的表决权数多于或者少于普通股的股份;(三)转让须经公司同意等转让受限的股份;(四)国务院规定的其他类别股。公开发行股份的公司不得发行前款第二项、第三项规定的类别股;公开发行前已发行的除外。公司发行本条第一款第二项规定的类别股的,对于监事或者审计委员会成员的选举和更换,类别股与普通股每一股的表决权数相同。"

类别股的表现形式多种多样,如优先股、劣后股、表决权差异股份等。优先股,是指依照公司法,在一般规定的普通种类股份之外,另行规定的其他种类股份,其股份持有人优先于普通股股东分配公司利润和剩余财产,但参与公司决策管理等权利受到限制。优先股主要具有三方面法律特征:第一,优先获得股息。优先股股息往往是固定的,不受公司损益的影响。第二,优先获得公司剩余资产分配权。当公司破产或被清算时,优先股股东将比普通股股东优先以票面值参加分配资产。第三,优先股一般情形下无表决权,但触发法定事项或公司章程另有规定者除外。

劣后股,是指参与利润分配或剩余财产分配的顺序劣后于普通股的股份。劣后股只是参与分配的顺序具有劣后性,但其获取的分配率高于其他类别股份。实务中,通常是向发起人或管理层发行。

根据公司法法理,普通股的表决权是一股一票。表决权差异股份,是指每一股享有多个表决权。常见的表决权差异股份每一股享有5个以上的表决权。例如,我国首家采用表决权差异安排的A股上市公司优刻得科技股份有限公司,其招股说明书披露公司股东所持有的每份 A 类股份拥有的表决权数量为每份 B 类股份拥有的表决权的 5 倍,从而实现了在实际控制人所拥有的股份份额并不占优势的情况下,实际控制人合计持有的表决权比例达到了 64.71%,强化了其对公司的控制能力。[1] 表决权差异安排有利于企业家创新助力科技企业发展,但也易形成创始股东对公司的长久控制。对于上市公司而言,若要采用表决权差异安排治理模式,除新《公司法》外,还要遵守交易所的相关规则,包括对市值和财务指标的要求、表决权比例的限制等。

此外,限制表决权股、转让受限股也是类别股的表现形式。前者是指对公司某些特别事项不享有表决权的股份,后者是指公司章程可以对该类股份向现有股东之外的第三人转让作出一定限制。

(二)记名股和无记名股

根据股票票面是否载明股东姓名或名称,可将股份分为记名股和无记名股。新《公司法》第 147 条规定,公司的股份采取股票的形式。股票是公司签发的证明股东所持股份的凭证。公司发行的股票,应当为记名股票。

(三)面额股和无面额股

根据股票票面是否载明面额,可将股份分为面额股和无面额股。

---

[1] 参见优刻得:《首次公开发行股票并在科创板上市招股说明书》,载巨潮网,http://www.cninfo.com.cn/new/disclosure/detail? plate = sse&orgId = 9900039004&stockCode = 688158&announcementId = 1207247016&announcementTime = 2020 – 01 – 14。

面额股,是指股票票面载明每股面额。无面额股,又称比例股或份额股,是指股票票面不载明每股面额,仅载明其在公司资本金中所占的比例或其代表的股份数。无面额股的法律意义主要体现在三个方面:一是方便公司发行股份筹资;二是有利于创始股东对公司的控制;三是方便公司并购重组。

从各个国家和地区的公司法律规制来看,无面额股主要有三种类型,分别是:强制全面采用无面额股、面额股与无面额股二者选其一,以及面额股与无面额股同时适用。我国新《公司法》采取了第二种法律规制方式。新《公司法》第142条规定,公司的资本划分为股份。公司的全部股份,根据公司章程的规定择一采用面额股或者无面额股。采用面额股的,每一股的金额相等。公司可以根据公司章程的规定将已发行的面额股全部转换为无面额股或者将无面额股全部转换为面额股。采用无面额股的,应当将发行股份所得股款的1/2以上计入注册资本。

第三节　股份转让及优先认购权

一、新《公司法》相关规定

第一百五十七条　股份有限公司的股东持有的股份可以向其他股东转让,也可以向股东以外的人转让;公司章程对股份转让有限制的,其转让按照公司章程的规定进行。

第一百六十条　公司公开发行股份前已发行的股份,自公司股票在证券交易所上市交易之日起一年内不得转让。法律、行政法规或者国务院证券监督管理机构对上市公司的股东、实际控制人转让其所持有的本公司股份另有规定的,从其规定。

公司董事、监事、高级管理人员应当向公司申报所持有的本公司的股份及其变动情况,在就任时确定的任职期间每年转让的股份不得超过其所持有本公司股份总数的百分之二十五;所持本公司股份自公司股票上市交易之日起一年内不得转让。上述人员离职后半年内,不得转让其所持有的本公司股份。公司章程可以对公司董事、监事、高级管理人员转让其所持有的本公司股份作出其他限制性规定。

股份在法律、行政法规规定的限制转让期限内出质的,质权人不得在限制转让期限内行使质权。

第二百二十七条 有限责任公司增加注册资本时,股东在同等条件下有权优先按照实缴的出资比例认缴出资。但是,全体股东约定不按照出资比例优先认缴出资的除外。

股份有限公司为增加注册资本发行新股时,股东不享有优先认购权,公司章程另有规定或者股东会决议决定股东享有优先认购权的除外。

二、股份转让

关于股份有限公司的股份转让,要基于公司上市与否进行区分。对于非上市股份有限公司,根据新《公司法》第157条的规定,股东持有的股份可以向其他股东转让,也可以向股东以外的人转让,公司章程对股份转让有限制的,其转让按照公司章程的规定进行。与2018年《公司法》相比,新《公司法》新增了公司章程可以设置股份转让限制条款的规定,更体现了法律对非上市股份有限公司人合性的制度考量。

对于上市公司的股份转让,以依法自由转让为原则,以特定股东股份转让限制为例外。与2018年《公司法》相比,新《公司法》第160条删除了"发起人持有的本公司股份,自公司成立之日起一年内不得转让"的规定;新增"法律、行政法规或者国务院证券监督管理机构对上市公司的股东、实际控制人转让其所持有的本公司股份另有规定的,从其规定"的规定;明确了任职期间的确定原则,即"就任时确定的任职期间";新增"股份在法律、行政法规规定的限制转让期限内出质的,质权人不得在限制转让期限内行使质权"的规定。

三、优先认购权

新《公司法》在2018年《公司法》第34条的基础上,将有限责任公司和股份有限公司优先认购权合并在同一条文中。新《公司法》第227条第2款规定,股份有限公司为增加注册资本发行新股时,股东不享有优先认购权,公司章程另有规定或者股东会决议决定股东享有优先认购权的除外。因此,对于股份有限公司而言,原则上股东对公司新增注册资本不享有优先认购权,除非公司章程另有规定或者股东会决议决定股东享有优先认购权。此外,发起人在制定公司章程时,若考虑赋予股东优先认购权,应将其约定在公司章程之中。

第四节　简易减资制度

一、新《公司法》相关规定

第二百二十四条　公司减少注册资本,应当编制资产负债表及财产清单。

公司应当自股东会作出减少注册资本决议之日起十日内通知债权人,并于三十日内在报纸上或者国家企业信用信息公示系统公告。债权人自接到通知之日起三十日内,未接到通知的自公告之日起四十五日内,有权要求公司清偿债务或者提供相应的担保。

公司减少注册资本,应当按照股东出资或者持有股份的比例相应减少出资额或者股份,法律另有规定、有限责任公司全体股东另有约定或者股份有限公司章程另有规定的除外。

二、减资制度概述

减资即减少注册资本,是公司按照《公司法》规定的条件、程序减少注册资本的法律行为。减资制度主要规定在新《公司法》第224条。该条款是在2018年《公司法》第177条基础上进行的修订,其中第3款为新增条款,规定公司减少注册资本,应当按照股东出资或者持有股份的比例相应减少出资额或者股份,法律另有规定、有限责任公司全体股东另有约定或者股份有限公司章程另有规定的除外。

减资可分为实质减资和形式减资两种类别。实质减资,是指公司减少注册资本的同时,将一定金额的资产返还给股东,从而也减少了公司净资产。形式减资也称为简易减资或名义减资,是指仅减少注册资本额,注销部分出资或股份,没有公司资产给付。

三、简易减资制度的关注要点

简易减资制度是新《公司法》新增加的制度,主要目的是提高公司运作效率。新《公司法》第225条规定,公司依照本法第214条第2款的规定弥补亏损后,仍有亏损的,可以减少注册资本弥补亏损。减少注册资本弥补亏损的,公司不得向股东分配,也不得免除股东缴纳出资或者股款的义务。依照前款规定减少注册资本的,不适用第224条第2款的规定,但应当自股东会作出减少注册资本决议之日起30日内在报纸上或者国家企业信用信息公示系统公告。公司依照前两款的规定减少注册资本后,在法定公积金和任意公积金累计额达到公司注册资本50%前,不得分配利润。简易减资制度简化了一般减资情形下的债权人保护程序,仅需公司公告即可。

简易减资制度应重点关注三个方面:第一,简易减资不适用于通常的减资情形,仅适用于公司依照相关规定弥补亏损后仍有亏损的情形。第二,简易减资需要公司股东会特别决议通过并履行相应的公告程序,但不要求公司通知债权人。第三,简易减资后分配利润存在限制,即简易减资后,在法定公积金和任意公积金累计额达到公司注册资本50%前,不得分配利润。因此,实践中需要严格按照法律规定的要求采取简易减资行为。

第三章

股份公司组织结构与公司治理

本章主要介绍新《公司法》对股份有限公司组织结构和公司治理方面的修订。新《公司法》采用单层制、双层制并行模式，即公司可根据自身情况选择仅设股东会、董事会，不设监事或监事会，在非上市股份公司中明确引入审计委员会制度。新《公司法》删除了股东会是"最高"权力机构的表述，对董事或董事会、总经理的角色定位及职责范围提供了更多自治空间，同时进一步完善了有关法定代表人制度等。

第一节　公司组织架构和有效治理的问题由来

一、公司治理三大关键角色

公司治理的原因及必要性体现在：一是法人作为法律拟制的独立"人格"，没有自然人所拥有的"独立思想"，其在民商事活动中，需以法人主体有关的不同身份自然人(如股东、董事、经理等)的"独立思想"为基础，通过组织架构的构建和有效治理的运行作出意思表示，并以法人本身的名义享受相关权利，承担相关义务及责任。二是公司存在多元化的利益主体，各利益主体都要保护自身的利益，这就需要一套"治理"制度，以平衡保障各方利益。

公司治理的三大关键角色，分别为股东、董事及经理层。公司治理中，公司以《公司法》、公司章程等内部治理文件为基础建立起

"法"治，以关键少数人员的履职而形成"人"治，并通过股东会、董事会、经理办公会等会议机制以及公司内部的职能部门、业务部门和境内外分子公司等进行决策、授权和管理。

控股股东、实际控制人是公司治理的实质控制中心，在多数决的重大事项集体决策机制下，通常可以使其个体意志获得决策通过。董事会作为主要管理机构，虽由股东会选举产生，但通常多数席位董事系由控股股东、实际控制人提名，从而可能导致董事会的决策及管理行为受控股股东、实际控制人控制，并代表控股股东、实际控制人意志。因此，在法律规定、行政监管、司法审判、信息披露等各个层面，控股股东、实际控制人的重要地位及其应有之义务、责任均被强化和突出。

二、公司治理三组重要关系

在商业实践中，公司行业、规模、性质等情况千差万别，不同国家、市场的不同公司主体有不同的治理特点，现实中面临不同的治理困境和难题。但是本质上，股份公司的治理聚焦于如图 3-1 所示的三组重要关系。

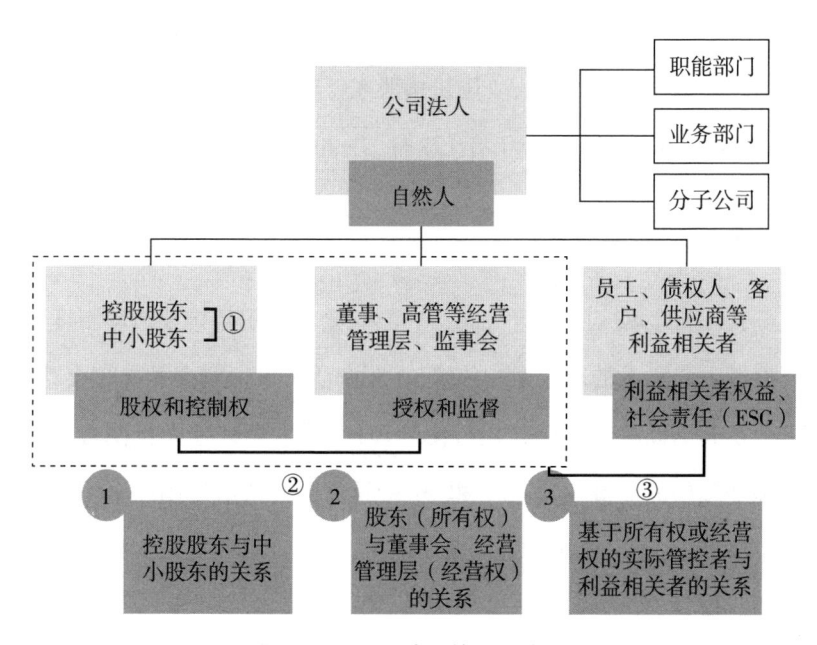

第三章 股份公司组织结构与公司治理

图 3-1 公司治理的重要关系

其中,最为关键的是所有者与管理者之间的关系,即股东与董事会、经营管理层之间的关系。

以美国为例,基于其发行股份募集运营资金的普及和成熟专业的职业经理人市场,公司具有公司股权分散化、所有权与控制权分离、所有者"退位"等特征,公司治理的突出问题表现为管理者利益输送、腐败等内部问题。美国上市公司建立的独立董事制度,旨在通过引入外部董事加强对执行董事等内部经营者的监督和制衡,但这并没有彻底解决内部治理问题。比如,"安然""世通"等财务造假事件充分揭示独立董事本身存在各种限制。董事监督"失灵"的情境下,须唤醒"股东"这个沉睡的巨人,驱使机构投资者、小股东联合介入公司治理。据统计,近年来,美国机构股东针对上市公司控制权行动在2021年有95件,在2022年有137件,在2023年上半年有54件。[1]

三、股份公司治理架构

我国自1993年制定《公司法》至今,公司组织架构及治理制度主要参考大陆法系的双层架构传统,在股东会下设董事会和监事会,董事会及其下设的经理层分权行使管理权,监事会则独立行使对董事会和经理层的监督权。同时,我国A股上市公司治理制度采用独立董事制度,在董事会中设独立董事席位,独立董事参与重大事项决策并进行监督。

新《公司法》采用单层制、双层制并行,即公司可根据自身情况选择双层制或单层制的治理架构,允许法人仅设股东会、董事会,不设监事或监事会。在单层制架构下,董事会中可以设置审计委员会来行使原本属于监事会的职权。

---

[1] 参见刘俊海:《论外商投资公司治理模式转型升级:董事会中心主义走向股东会中心主义的法律瓶颈及其突破》,载《社会科学辑刊》2024年第1期。

第二节　董事会

一、新《公司法》相关规定

第六十七条　有限责任公司设董事会,本法第七十五条另有规定的除外。

董事会行使下列职权:

(一)召集股东会会议,并向股东会报告工作;

(二)执行股东会的决议;

(三)决定公司的经营计划和投资方案;

(四)制订公司的利润分配方案和弥补亏损方案;

(五)制订公司增加或者减少注册资本以及发行公司债券的方案;

(六)制订公司合并、分立、解散或者变更公司形式的方案;

(七)决定公司内部管理机构的设置;

（八）决定聘任或者解聘公司经理及其报酬事项，并根据经理的提名决定聘任或者解聘公司副经理、财务负责人及其报酬事项；

（九）制定公司的基本管理制度；

（十）公司章程规定或者股东会授予的其他职权。

公司章程对董事会职权的限制不得对抗善意相对人。

第七十一条 股东会可以决议解任董事，决议作出之日解任生效。

无正当理由，在任期届满前解任董事的，该董事可以要求公司予以赔偿。

第一百二十条 股份有限公司设董事会，本法第一百二十八条另有规定的除外。

本法第六十七条、第六十八条第一款、第七十条、第七十一条的规定，适用于股份有限公司。

二、董事会的定位

董事会主要负责公司相关事项的经营管理及决策，同时，结合新《公司法》关于增设专门委员会的规定，董事会还承担着部分监督职责。因此，作为公司重要、核心组织机构的董事会，其所"代表"或"负责"的利益（群）体对公司的经营将产生重大影响。

不同于以英美法系为代表的"董事会中心主义"治理结构，多数学者基于公司法条文，认为我国公司法确立的是"股东会中心主义"

(新《公司法》之前的所有版本中都规定"董事会对股东会负责")。但公司利益与多数决的股东会利益在某些场景并不一致,且在上市公司治理中更为显著,具体表现如,大股东更注重使自身利益最大化,区别于使上市公司整体利益及所涉中小股东、员工、债权人等相关方利益最大化。

新《公司法》第67条删除了"董事会对股东会负责"的董事会角色表述,有助于减弱大股东对董事会的"控制",进一步弱化"股东会中心主义",强化董事会对公司整体利益负责的角色定位。

三、董事会的职权

(一)新《公司法》项下董事会职权

新《公司法》第67条规定,董事会职权可以通过"法定""章定""股东会授权"三种形式确定,即董事会享有9项法定职权,以及公司章程规定和股东会授予的职权。9项法定职权包括:(1)召集股东会会议,并向股东会报告工作;(2)执行股东会的决议;(3)决定公司的经营计划和投资方案;(4)制订公司的利润分配方案和弥补亏损方案;(5)制订公司增加或者减少注册资本以及发行公司债券的方案;(6)制订公司合并、分立、解散或者变更公司形式的方案;(7)决定公司内部管理机构的设置;(8)决定聘任或者解聘公司经理及其报酬事项,并根据经理的提名决定聘任或者解聘公司副经理、财务负责人及其报酬事项;(9)制定公司的基本管理制度。此次修订删除了原董事会法定职权中的"制订公司的年度财务预算方案、决算方案",并对应删除了股东会职权中的"审议批准公司的年度财务预算方案、决算方案",意味着将该项职权纳入公司自治范围,公司可根据实际需要在公司章程中具体规定审议层级,符合不同法人主体公司治理的个性需要。

此外,公司法人可根据《公司法》的相关规定及意思自治,在公司章程中对股东会、董事会等组织结构进行分权规定,亦可通过股东会向董事会授权方式约定董事会的职权。明确董事会可行使"股东会授予的其他职权",为股东会授予董事会更多权力和职责,以及在实践中的适当情形(尤指适用于股权分散的公司)引入"董事会中心主义"的治理模式提供了制度依据及可行空间,有助于提高内部治理效率。

参照《民法典》第61条规定的"法人章程或者法人权力机构对法定代表人代表权的限制,不得对抗善意相对人",新《公司法》强调,公司章程对董事会职权的限制不得对抗善意相对人,即公司法人可根据实际情况由公司章程、股东会赋予董事会更大职权,也可对董事会的职权进行限制和制约,但该等限制和制约不得对抗善意相对人。

这一制度旨在保护交易中无过错方的权利,维护交易安全。判断相对方是否为善意,不仅需考量其是否实际知道相关限制,还需考量其是否应当知道。而针对上市公司,其公司章程、股东大会决议等文件均需公开披露,因此对相对人善意的考量,通常还需结合相对人是否已对上市公司公开披露文件进行审核、是否已尽必要注意义务。

(二)股东会、董事会的授权机制

学术理论界中,股东会是否可以将其法定职权通过公司章程或者股东会决议授予董事会行使一直存在争议。

司法实践中,股东会与董事会职权时常发生冲突,股东会职权能否授权予董事会行使亦无统一明确标准。有观点表明,股东会法定职权中必须经2/3表决权审议通过的决议事项不能授权给董事会。如贵州省高级人民法院在徐某某与安顺绿洲报业宾馆有限公司决议效力纠纷案中认为:"《中华人民共和国公司法》第四十四条第二款规定'股东会会议作出修改公司章程、增加或者减少注册资本的决议,以及公司合并、分立、解散或者变更公司形式的决议,必须经代表三分之二以上表决权的股东通过。'从此条规定中的法律表述用语'必须'可以看出,修改公司章程、增加或者减少注册资本的决议,以及公司合并、分立、解散的决议有且只有公司股东会才有决定权,这是股东会的法定权利。报业宾馆章程第七条第(八)、(十)、(十一)项,第三十二条第(二)项将股东会的法定权利规定由董事会行使,违反了上述强制性法律规定,应属无效。"[1] 亦有观点表明,决定公司经营方针和投资计划的权力可以授权给董事会行使。如最高人民法院在袁某等4名股东诉雅安珠峰商贸公司5名董事损害公司利益纠

---

[1] 贵州省高级人民法院民事判决书,(2015)黔高民商终字第61号。

纷案中认为:"《公司法》第三十七条、第四十六条分别是有关股东会和董事会职权的相关规定,并不属于效力性强制性规定。而且根据《公司法》第四条规定,公司股东依法享有选择管理者的权利,相应地该管理者的权限也可以由公司股东会自由决定,《公司法》并未禁止有限责任公司股东会自主地将一部分决定公司经营方针和投资计划的权力赋予董事会。故珠峰商贸公司《公司章程》第27条有关应由股东大会作出决议的重大事项中'公司自主对公司资产开发,由董事会决定并向股东大会报告,不受上述金额(300万元)限制'的例外规定,并不存在因违反法律、行政法规的强制性规定而无效的情形。"[1]

新《公司法》颁布后,我们倾向于理解,第59条是对股东会职权的强制性规定,属于股东会的法定职权,除该条第2款中明确可以授权给董事会决议的发行公司债券事项外,其余事项均只能由股东会决议。[2]

(三)证券监管规则与新《公司法》关于董事会职权的修订的衔接

就A股上市公司董事会的职责范围,中国证监会、证券交易所制定的上市公司治理准则、股票上市规则、规范运作指引等证券监管规

---

[1] 最高人民法院民事裁定书,(2017)最高法民申1794号。
[2] 参见赵旭东主编:《新公司法条文释解》,法律出版社2024年版,第155页。

则进行了更为具体的规定。

上市公司治理准则规定了上市公司治理的基本原则,投资者权利保护的实现方式,以及上市公司董事、监事、经理等高级管理人员所应当遵循的基本行为准则;股票上市规则对重大交易的股东大会、董事会的分权审议机制、董事会决策权限及事项等进行了明确规定。上市公司制定公司章程所依据的《上市公司章程指引》规定,股东大会的职权不得通过授权的形式由董事会或其他机构和个人代为行使。该等表述与新《公司法》下董事会可行使股东会授予的其他职权存在一定冲突,尚待证券监管机构结合新《公司法》对类似冲突表述作出进一步解释或修订,包括在上市公司治理层面明确授权机制及具体授权范围等。

四、董事的选举与无因解任

(一)董事的选举

实践中,董事多数情况下由股东会提名。结合主要股东之间(尤其是在上市公司引入战略投资者、控制权收购等交易中)关于独立董事、非独立董事候选人的推荐权、提名权的分配和约定,董事履职过程中在"对谁负责"的问题上通常会受到推荐人、提名人或其自身身份的干扰。例如,实际控制人自身或家族成员董事,兼任上市公司管理层的董事,股东单位推荐、提名在本单位任职的董监高或员工作为候选人并当选的上市公司董事,除对上市公司利益负责外,均不免受制于其他相关利益。图3-2为我国上市公司中常见的董事称谓。

内部董事	外部董事	主要股东推荐、提名董事	董事长
执行董事 职工董事	独立董事 非执行董事	大股东董事 战略投资者等 其他股东董事	董事局主席 副董事长 联席董事长 名誉董事长

图3-2　常见的国内上市公司董事称谓

而为了保护中小股东利益,上市公司董事、监事选举积极推行累积投票制,单一股东及其一致行动人拥有权益的股份比例在30%及以上的上市公司,应当采用累积投票制。

传统直接投票制下,股东表决票数等于其持股数,在股东会多数决的选举机制下,选举结果往往仅能体现控股股东的意志。而累积投票制下,每一股份有与应选举出董事或监事人数相同数量的表决权,股东享有的表决票数等于其持股数与待选人数的乘积,股东可以将表决票集中选举一人,也可以分散选举数人。因而,中小股东可以通过集中选票的方式,选举出代表其意志的董事成员。

(二)董事的无因解任

1993年《公司法》第47条第2款规定:"董事在任期届满前,股东会不得无故解除其职务。"《公司法》2005年修订时已删除该条。

2019年《最高人民法院关于适用〈中华人民共和国公司法〉若干问题的规定(五)》(以下简称《公司法解释(五)》)首次明确无因解任与补偿,即股东会可以无因罢免董事,并明确董事职务被解除后,因补偿与公司发生纠纷提起诉讼的,人民法院应当依据法律、行政法规、公司章程的规定或者合同的约定,综合考虑解除的原因、剩余任期、董事薪酬等因素,确定是否补偿以及补偿的合理数额。

最高人民法院民二庭相关负责人就《公司法解释(五)》答记者问时,在关于此规定背后的法理问题上表示:"公司与董事之间实为委托关系,依股东会的选任决议和董事同意任职而成立合同法上的委托合同。既然为委托合同,则合同双方均有任意解除权,即公司可以随时解除董事职务,无论任期是否届满,董事也可以随时辞职。"[1]

新《公司法》进一步确认了上述委托关系,同时明确了董事拥有无因罢免的损害赔偿请求权。第71条规定:"股东会可以决议解任董事,决议作出之日解任生效。无正当理由,在任期届满前解任董事的,该董事可以要求公司予以赔偿。"

关于这一条文的理解与适用,需关注以下问题:第一,"正当理由"的认定。实践中,上市公司公开披露的罢免原因常见表述包括:

---

〔1〕 参见《依法保护股东权益 服务保障营商环境——最高人民法院民二庭相关负责人就〈关于适用若干问题的规定(五)〉答记者问》,载中国法院网2019年4月28日,https://www.chinacourt.org/article/detail/2019/04/id/3863768.shtml。

(1)董事到期未清偿的债务金额较大,且已被列为失信被执行人,不符合董事任职资格;(2)由监事会提出罢免,公司股东及其关联方因自身债务问题,不再为公司第一大股东,其推荐或关联的董事不再适合担任公司非独立董事;(3)未能履行《公司法》、《深圳证券交易所股票上市规则》、《深圳证券交易所上市公司规范运作指引》及公司章程等规定的忠实义务和勤勉义务(包括"3次未出席董事会,1次未出席股东会");(4)相关董事、监事没有履行其作为董事、监事应当尽到的责任和义务,不适合继续担任公司董事、监事职务。还需要注意的是,在控股股东提请召开股东大会罢免董事过程中,若相关董事、监事同步辞职,股东大会表决结果并不影响相关董事、监事的辞职效力。

第二,赔偿数额的确定。关于这一问题,新《公司法》未予以明确。公司在聘用董事时,双方可提前考虑并设计董事无因解任的赔偿标准和具体计算方式,并在聘用(委托)合同中作出明确约定,或在公司章程中进行明确规定。为了防止敌意收购,亦有公司章程规定较高的解任补偿金额,以此来提高收购后解任董事的成本,防范控制权变动,即"金色降落伞"条款。《公司法解释(五)》第3条规定,董事任期届满前被股东会或者股东大会有效决议解除职务,其主张解除不发生法律效力的,人民法院不予支持。董事职务被解除后,因补偿与公司发生纠纷提起诉讼的,人民法院应当依据法律、行政法规、公司章程的规定或者合同的约定,综合考虑解除的原因、剩余任期、董事薪酬等因素，确定是否补偿以及补偿的合理数额。司法实践中，法院依据前述规定确定补偿数额时可行使自由裁量权，不同案件裁判结果存在差异。

> 在孙某某、吉林麦达斯轻合金有限公司劳动争议案中，法院支持按照企业平均工资标准支付6个月工资的补偿金。法院认为，公司行使任意解除权解聘董事后，为平衡双方利益，应综合考虑解聘原因、董事薪酬、剩余任期等因素，确定是否补偿及补偿的合理数额。本案中，孙某某长期在麦达斯系公司工作，受麦达斯控股调任而赴麦达斯轻合金任职，被解聘也并非因自身过错而导致，现其已接近退休年龄，本院综合考虑上述情形，酌定麦达斯轻合金应参照孙某某任职时的薪酬对其给予合理补偿。但因麦达斯轻合金在诉讼期间已经被宣告破产，根据《中华人民共和国企业破产法》第113条第3款"破产企业的董事、监事和高级管理人员的工资按照该企业职工的平均工资计算"之规定，本院酌定麦达斯轻合金按被宣告破产时职工月平均工资向孙某某支付6个月的补偿金，该补偿金债权应按照职工债权顺序在破产程序中进行清偿。[1]

---

[1] 参见最高人民法院民事判决书，(2020)最高法民再50号。

在宗某某与山东精工电子科技有限公司合同纠纷案中,法院支持按照月薪的30%标准以及剩余全部任期2年5个月计算赔偿金。法院认为,被告在原告正常合法的董事任期内解除原告的董事职务,没有提供证据证明解除原因,属无故解除。被告应当依法对原告因职务解除进行补偿,具体补偿数额考虑解除的原因、剩余任期、董事薪酬等因素,确定精工公司补偿数额应以宗某某实际所得平均月薪的30%、剩余任期2年5个月计算。原告诉讼请求超出部分,本院不予支持。[1]

---

[1] 参见山东省枣庄市薛城区人民法院民事判决书,(2019)鲁0403民初3139号。

第三节　审计委员会制度与监事会制度

一、新《公司法》相关规定

第一百二十一条　股份有限公司可以按照公司章程的规定在董事会中设置由董事组成的审计委员会，行使本法规定的监事会的职权，不设监事会或者监事。

审计委员会成员为三名以上，过半数成员不得在公司担任除董事以外的其他职务，且不得与公司存在任何可能影响其独立客观判断的关系。公司董事会成员中的职工代表可以成为审计委员会成员。

审计委员会作出决议，应当经审计委员会成员的过半数通过。

审计委员会决议的表决，应当一人一票。

审计委员会的议事方式和表决程序，除本法有规定的外，由公司章程规定。

公司可以按照公司章程的规定在董事会中设置其他委员会。

二、监事会的职责与功能

我国自1993年颁布《公司法》至新《公司法》颁布之前,公司组织架构及治理制度主要考察了大陆法系国家的双层架构理念,即在股东会下设董事会和监事会。监事(会)是公司法人必设的组织机构,对公司董事和高级管理人员行使监督权。

新《公司法》对监事会的具体职权未作修订,包括:(1)检查公司财务;(2)对董事、高级管理人员执行职务的行为进行监督,对违反法律、行政法规、公司章程或者股东会决议的董事、高级管理人员提出解任的建议;(3)当董事、高级管理人员的行为损害公司的利益时,要求董事、高级管理人员予以纠正;(4)提议召开临时股东会会议,在董事会不履行本法规定的召集和主持股东会会议职责时召集和主持股东会会议;(5)向股东会会议提出提案;(6)依照公司法的规定,对董事、高级管理人员提起诉讼;(7)公司章程规定的其他职权。

囿于《公司法》对监事会行权机制规定较粗略、缺乏系统性履职和行权的法律保障,监事不参与具体经营管理无法及时掌握重大事项且不享有人员委派选聘权,以及部分监事成员来自公司内部等固有问题,监事会的监督功能无法有效实现和发挥,严重虚化。司法实践中,监事会在行使监督职权方面的独立诉权亦通常不被支持。

三、审计委员会制度现状

审计委员会制度的目的是加强对公司管理层的监督,为内外部审计发挥应有的功能提供支持,有效防止财务欺诈。经过不断发展和完善,审计委员会制度逐步在全球范围内推广,成为提高上市公司财务信息披露质量的重要的公司治理制度。

新《公司法》颁布前,我国仅要求上市公司董事会设审计委员会,履行财务相关的监督和评估职能。审计委员会中独立董事应当占多数,且召集人应当由独立董事担任且为会计专业人士。实践中,上市公司董事会审计委员会普遍为3人,其中2名为独立董事,1名为非独立董事。

上市公司董事会审计委员会主要职责,包括审核公司财务信息及其披露、监督及评估内外部审计工作和内部控制、决定聘任或解聘公司财务负责人或会计师事务所三大方面。具体来说,审计委员会对如下事项在董事会审议前进行事前审议:(1)披露财务会计报告及定期报告中的财务信息、内部控制评价报告;(2)聘用或者解聘承办上市公司审计业务的会计师事务所;(3)聘任或者解聘上市公司财务负责人;(4)因会计准则变更以外的原因作出会计政策、会计估计变更或者重大会计差错更正;(5)法律、行政法规、中国证监会规定和公司章程规定的其他事项。

如前文所述,审计委员会属于经营管理机构内部的监督机构,其既行使管理决策权,又行使监督权,与监事会在实践中均存在被形式化、程序化、工具化的情况。但随着上市公司独立董事改革,独立董事职权的明晰及责任的加重加强,审计委员会在财务信息质量控制方面的效果有一定程度的提升。

四、采用单层制治理结构

新《公司法》首次在非上市公司层面采用审计委员会制度,其第69条、第121条以及第176条明确,有限责任公司、股份有限公司、国有独资公司均可以按照公司章程的规定在董事会中设置由董事组成的审计委员会,行使监事会的职权,不设监事会或监事。此举首次在国内采用单层制治理结构,与双层制并行,为公司治理结构的设计提供更多可选方案。

在我国上市公司法人治理"二元"监督机制下,董事会审计委员会和监事会职能存在重叠。例如,在财务监督权方面,上市公司审计委员会有权对年度财务报告、聘任或解聘会计师事务所等发表意见;监事会在财务方面的监督职权则更宽泛,且更强调对人(董事、高级管理人员)的监督,同时享有股东会召集权和提案权。新《公司法》实施后,针对上市公司董事会审计委员会与监事会的并存机制及监督权限划分,还需进一步通过相关证券监管规则的修订或出台明确。如上市公司采用单层制,则上市公司审计委员会既需承担审计委员会的职责,又需承担监事会的职责。

第四节　经理制度

一、新《公司法》相关规定

第一百二十六条　股份有限公司设经理,由董事会决定聘任或者解聘。

经理对董事会负责,根据公司章程的规定或者董事会的授权行使职权。经理列席董事会会议。

第一百二十七条　公司董事会可以决定由董事会成员兼任经理。

二、经理的聘任和解任

法律上所指的经理应为现实中的"总经理""总裁""首席执行官""首席代表"等负责日常经营管理的人,不包括总经理职务以下带有经理称呼的人。新《公司法》第126条规定,"股份有限公司设经理,由董事会决定聘任或者解聘。经理对董事会负责,根据公司章程的规定或者董事会的授权行使职权。经理列席董事会会议"。不同于有限责任公司,股份有限公司的经理为必设机构,因为实践中股份有限公司通常经营规模较大,需要经理作为董事会的执行辅助机关。

新《公司法》去除了经理职权法定化制度,允许公司法人结合各自情况裁量、决定经理的职权范围和边界,赋予公司对经理职权更大的自治空间。此外,经理有列席股东会、董事会的权利和义务,但没有召集权和提案权。

值得斟酌的是,取消法定列举经理职权,那么相对人如何知悉经理权限?相对人是否负有审查经理职权的义务?有观点认为,交易相对人不当然负有对经理职权的审查义务,主要原因在于:第一,公司章程和董事会决议非法定公示事项,无从知晓;第二,法律未规定经理的法定职权不影响其执行公司事务;第三,从商事交易实践看,经理具有日常经营管理权属于商业管理,应尊重由此形成的权利外观。这尚待结合后续司法实践具体认定。

三、经理层的薪酬及激励

所有权与经营权相分离造就了经理一职,经理代替所有人负责公司的经营事务,使经理的报酬成为一个重要问题。美国上市公司通常会给首席执行官丰厚的薪酬,即使在经济危机时期,股东遭受巨大投资损失,员工薪水普遍减少,且大量人员失业,经理层仍收取数百万美元的薪酬。

这一现象主要出现在所有权与经营权分离的"经理层中心主义"治理模式下,一方面,经理层控制名义上决定高管薪酬的董事会;另一方面,经理层利用他们的管理权限,使薪酬与业绩脱钩来获得更高额的薪酬。

中国公司的高管薪酬由董事会决定,而董事会通常受大股东控制,因而,这一问题更易发生在经理层为实际控制人的情形中。现今上市公司经理层薪酬披露制度、关联交易公允及披露制度在一定程度上可以遏制此类问题。

然而,经理层作为公司法人重要经营执行机构,对公司发展具有重要影响,将经理层个体利益与公司、股东利益关系紧密相连的薪酬制度更有助于公司整体利益。通常,经理层的薪酬有三种主要模式:其一,不取决于公司业绩的工资和福利;其二,基于公司股价的期权或其他激励性报酬;其三,根据特定的财务指标,基于公司业绩的奖金或其他激励性报酬。与业绩无关的工资、福利和非激励性报酬缺乏激励性质,无法使经理层与公司利益一致;而根据具体财务指标确定奖金和激励性报酬的情况,可能在实践中影响经理层对财务会计技术的选择。而当股权或股票价值与经理层薪酬呈正相关关系时,将更有利于对经理层经营的激励,股东利益与经理层利益结合越紧密,越有利于公司发展。

第五节 法定代表人制度

一、新《公司法》相关规定

第十条 公司的法定代表人按照公司章程的规定,由代表公司执行公司事务的董事或者经理担任。

担任法定代表人的董事或者经理辞任的,视为同时辞去法定代表人。

法定代表人辞任的,公司应当在法定代表人辞任之日起三十日内确定新的法定代表人。

第十一条 法定代表人以公司名义从事的民事活动,其法律后果由公司承受。

公司章程或者股东会对法定代表人职权的限制,不得对抗善意相对人。

法定代表人因执行职务造成他人损害的,由公司承担民事责任。

公司承担民事责任后,依照法律或者公司章程的规定,可以向有过错的法定代表人追偿。

第三十五条 公司申请变更登记,应当向公司登记机关提交公司法定代表人签署的变更登记申请书、依法作出的变更决议或者决定等文件。

公司变更登记事项涉及修改公司章程的,应当提交修改后的公司章程。

公司变更法定代表人的,变更登记申请书由变更后的法定代表人签署。

二、法定代表人制度及现状

在商业实践中,围绕公司公章、资质证照争夺、越权代理等争议事项频发,该类事项均与法定代表人制度密不可分。

综观世界范围,各国关于公司代表人制度的设计有多种模式,如日本民法采用单独代表制,每一董事均可对外代表公司;德国股份公司采用共同代表制,德国《股份公司法》第78条第2款规定:"除公司章程有关规定外,全体董事会成员应集体代表公司。"

我国法定代表人制度源于20世纪80年代推行的"厂长经理负责制"的国有企业领导机制,厂长拥有全面的经营管理权限,是企业的法定代表人。1993年《公司法》借鉴了多元治理结构,并与一元化独创的法定代表人制度融合。我国公司代表人制度有如下特点:公司代表人的人选依照法律直接规定确定,而不能以股东会或董事会决议确定,即代表人的法定化,也就是法定代表人。这与大陆法系国家的立法规定不同。

新《公司法》修订前,法定代表人的范围,法定代表人辞任、变更及其程序等事项规定不够完善,在实践中给公司法人带来了诸多不便,体现在法定代表人范围较窄、法定代表人辞任难、法定代表人身份涤除难等方面。

三、法定代表人制度的完善

新《公司法》第10条、第11条、第35条相辅相成,构建了较为完整的法定代表人制度体系,是我国公司治理的一大进步,主要表现为如下四个方面。

(一)扩大了法定代表人的范围

新《公司法》在公司法定代表人的人选范围上作了进一步扩大。新《公司法》第10条第1款规定,公司的法定代表人按照公司章程的规定,由代表公司执行公司事务的董事或者经理担任。

扩大法定代表人的人选范围符合公司法人追求治理效率的需要,可选择更方便、高效行使法定代表人职能的适合人员,满足公司法人日常经营需要。只有董事长(执行董事)和总经理(经理)才能担任公司的法定代表人显然已不能适应社会经济发展需要。董事长之外的董事如果执行公司事务,也可以担任法定代表人。

但是,在司法实务中,有很多公司存在挂名股东、挂名法定代表人的情况,其幕后推手为公司的实际股东或实际控制人,而台前代理人只是不享有权利的工具人。这种情况的真实目的,大多是逃避或者企图逃避企业经营过程中实际控制人、法定代表人所应承担的各种民事责任、行政责任或者刑事责任等。比如,民事执行程序中常见的法定代表人被采取限制高消费措施,行政或刑事程序中主管人员被处罚、定罪等。如果过度扩大法定代表人的可选范围,将鼓励此种恶性行为,因此,法定代表人的范围亦不宜过度扩张。

然而,扩大法定代表人的可选范围,在根本上没有改变我国一元化的法定代表人制度,公司的法定代表人仍然只能是一名,而非多名共同代表机制。

(二)法定代表人辞任董事或者经理职务视同辞去法定代表人职务

新《公司法》第10条第2款、第3款规定,担任法定代表人的董事或者经理辞任的,视为同时辞去法定代表人。法定代表人辞任的,公司应当在法定代表人辞任之日起30日内确定新的法定代表人。

2018年《公司法》并未就公司法定代表人是否有权辞任进行明确规定,只是规定了公司法定代表人变更的,应当办理变更登记,亦未明确办理变更登记的责任承担主体。因而,审判机关在司法实践中认为法人变更属于公司内部治理问题而不予处理,公司相关决策机构如不决定辞任或不同意辞任,则无法进行法定代表人的涤除,亦无法完成法定代表人辞任,最终可能导致公司实际经营权旁落或者经营困难,造成进一步的公司僵局。

新《公司法》上述规定已彻底解决法定代表人是否有权辞任的问题,同时明确了法定代表人并不是公司治理中必须存在而不能短暂缺失的机构,只须在30日内确认新的法定代表人即可。从而可知,在前任法定代表人辞任之日起30日内,法定代表人可处于短暂空缺状态,这不同于董事会等需满足最低法定人数持续在职要求。

(三)公司变更法定代表人的变更登记申请书由变更后的法定代表人签署

新《公司法》第35条第3款规定,公司变更法定代表人的,变更登记申请书由变更后的法定代表人签署。

过往在原法定代表人不配合或不方便签署相关申请文件或办理变更登记的情况下,可能导致工商变更登记障碍。上述规定明确由变更后的法定代表人签署变更登记申请文件,解决了这个现实困境。

(四)明确法定代表人职务行为的法律后果由公司承担

新《公司法》第11条规定,法定代表人以公司名义从事的民事活动,其法律后果由公司承受。公司章程或者股东会对法定代表人职权的限制,不得对抗善意相对人。法定代表人因执行职务造成他人损害的,由公司承担民事责任。公司承担民事责任后,依照法律或者公司章程的规定,可以向有过错的法定代表人追偿。新《公司法》将法定代表人制度相关理论依据以上述条款明确列示,进一步解决了实操中的潜在争议问题。

第六节　公司章程与公司自治

股份公司章程的意思自治体现在两个层面：一是在事项范围上，除《公司法》第 95 条项下股份有限公司章程必备事项外，股东会还可结合自身需要在公司章程中增加其他事项；二是在必备事项的具体规定上，公司可结合《公司法》相关强制性规范、任意性规范的要求，就任意性规范进一步进行自治规定。

在公司组织机构方面，除前文所述"单层制""双层制"的选择外，新《公司法》允许公司在其公司章程中进行意思自治的事项详见表 3–1、表 3–2 和表 3–3。

表3-1 组织机构关键人员的设定

序号	意思自治事项	内容描述	对应条款	提示/建议
1	法定代表人的人选及职权限制	按照公司章程的规定,由代表公司执行公司事务的董事或者经理担任。公司章程或者股东会对法定代表人职权的限制,不得对抗善意相对人	第10条、第11条	
2	是否设副董事长	股份有限公司董事会可以设副董事长	第122条	公司可根据内部人员职级身份需求、外部利益平衡需求(股东提名权等),综合考虑设副董事长一人或若干人
3	董事长、副董事长的产生办法	董事长、副董事长的产生办法,由公司章程规定	第68条、第120条	公司章程通常规定由公司董事会选举董事长、副董事长

65

续表

序号	意思自治事项	内容描述	对应条款	提示/建议
4	是否设职工董事	股份有限公司董事会可以有公司职工代表。职工人数300人以上股份有限公司,除依法设监事会并有公司职工代表的外,其董事会中应有职工董事	第68条、第120条	此前仅对部分国有企业强制要求。根据《中华全国总工会关于加强公司制企业职工董事制度、职工监事制度建设的意见》,公司高级管理人员和监事不得兼任职工董事,公司高管的近亲属,不宜担(兼)任职工董事
5	是否设监事会副主席	股份有限公司监事会可以设副主席	第130条	
6	是否设职工监事	如设立监事会,则其成员中职工代表的比例不得低于1/3,不设监事会或设1名监事的除外	第130条	根据《中华全国总工会关于加强公司制企业职工董事制度、职工监事制度建设的意见》,公司高级管理人员和董事不得兼任职工监事,公司高管的近亲属,不宜担(兼)任职工监事
7	董事的任期	每届任期不得超过3年,具体由公司章程规定	第70条、第120条	监事任期为法定3年,此与董事的任期要求不同

第三章 股份公司组织结构与公司治理

表3-2 公司组织机构的职权

序号	意思自治事项	内容描述	对应条款	提示/建议
1	股东会职权	除法定职权外,公司章程可规定其他股东会职权。股东会可授权董事会决议发行公司债券事项。公司章程和股东会可授权董事会在3年内决定发行不超过已发行股份50%的股份,但以非货币财产作价出资的应当经股东会决议。公司章程或股东会可授权董事会决定特定情形下回购公司股本,包括将股份用于员工持股计划或者股权激励、将股份用于转换公司发行的可转换为股票的公司债券、上市公司为维护公司价值及股东权益所必需	第59条、第112条、第152条、第153条、第162条	需注意相关法定股东会职权不可直接下放至董事会行使
2	董事会职权	除法定职权外,公司章程可规定、股东会可授予其他职权	第67条、第120条	
3	监事会职权	除法定职权外,公司章程可规定其他职权	第78条、第131条	

67

续表

序号	意思自治事项	内容描述	对应条款	提示/建议
4	经理职权	根据公司章程的规定或者董事会的授权行使职权（注：删除了2018年《公司法》规定的7项法定职权，拓宽了经理职权的意思自治空间）	第126条	如章程规定职权与董事会对经理的授权不同或冲突，应以公司章程的规定为准，董事会对经理的授权不应与章程相抵触[1]

〔1〕参见赵旭东主编：《新〈公司法〉重点热点问题解读：新旧公司法比较分析》，法律出版社2024年版，第319页。

表3-3 组织机构的运行

序号	意思自治事项	内容描述	对应条款	提示/建议
1	股东会、董事会、监事会的召开方式	可以采用电子通信方式，但公司章程另有规定的除外	第24条	上市公司（包括参照上市公司制定同样规则的非上市公司）股东会在设置网络投票等电子通信方式的同时，必须设置会场以现场形式召开
2	临时股东会的召开情形	除法定情形外，公司章程可规定其他应当召开临时股东会情形	第113条	每年召开一次年度股东会，临时股东会召开次数无法定要求

续表

序号	意思自治事项	内容描述	对应条款	提示/建议
3	股东会的决策机制	除法定事项外,公司章程可规定需经股东会特别决议及普通决议通过的事项。选举董事、监事可以按照公司章程的规定或者股东会的决议实行累积投票制。	第116条、第117条	
4	临时董事会的召开	可以另定召集临时董事会的通知方式和通知时限	第123条	每年度至少召开2次董事会,临时董事会召开次数无法定要求
5	董事会的决策机制	可规定高于最低出席人数(过半数董事)、最低表决比例(全体董事过半数)的决策机制	第124条	
6	监事会的决策机制	监事会的议事方式和表决程序,除本法有规定的外,由公司章程规定	第132条	

第四章

股份有限公司董事、监事、高级管理人员的义务与责任

本章将主要介绍股份有限公司董事、监事和高级管理人员的法律地位、资格、义务及责任。重点对新《公司法》明确的忠实义务和勤勉义务的认定标准进行分析，并对新《公司法》增加的董事催缴出资和清算责任，董事、监事、高级管理人员对股东抽逃出资的连带赔偿责任和对违法提供财务资助的赔偿责任，以及董事、高级管理人员对第三人的赔偿责任进行解读。

第一节　董事、监事、高级管理人员的法律地位

一、董事、监事、高级管理人员与公司的法律关系

新《公司法》未对董事、监事、高级管理人员与公司的法律关系作出明确规定,但厘清董事、监事、高级管理人员与公司的法律关系是确定董事、监事、高级管理人员义务与责任的前提。以下将以董事与公司的法律关系为例进行分析说明。

大陆法系国家公司法多将董事与公司的法律关系规定为委任关系。如日本《商法典》(2005年修订版)第254条第1款第3项规定,公司与董事之间系委任关系。委任源自民事法律规范的委托,但学界一般认为委任与委托既有联系,又有区别。将委任规制运用于公司与董事之间关系时,公司或全体股东系委任人,董事系受委任人。

依此委任,董事应站在公司或全体股东利益立场上履行职责,妥善保护公司或全体股东的共同利益。按照公司与董事之间的委任,董事要承担的义务高于普通民事法律关系中的受委托人。

英美法系国家一般认为,董事与公司之间是信义关系或信托关系。英美法系国家无民法典,无法统一规定董事与公司之间的基础法律关系。其公司法的宗旨是解决公司实操中的问题,较少以抽象概念直接规定双方的法律关系性质,而是通过具体条款(如董事的忠实义务、注意义务等)调整双方权利义务。基于公司法规范和司法实践,主流观点认为,公司和董事之间存在"fiduciary relationship",该表述国内多数学者直译为"信义关系"、"受托关系"或"信托关系",并出现信义关系是否为信托关系的讨论。本书认为,信义关系与信托关系存在区别,而董事与公司关系属于信义关系范畴。一方面,在信托关系中,信托以委托人将信托财产转移给受托人为要件,而董事与公司的关系不涉及财产所有权转移,董事管理的是公司法人财产,其权力源于公司章程或股东会授权,而非"财产受托"。另一方面,在传统信托关系下,受托人就信托财产以承担保存义务为要义,原则上不得将信托财产用于冒险和投资,而董事义务以"促进公司营利"为核心,把握商业机会必然伴随承担商业风险。故而,传统的信托无法全面展现董事促进公司利益的职责。因此,董事与公司之间的法律关系是一种独特的关系,不能简单套用传统信托关系的标准来分析。

第四章　股份有限公司董事、监事、高级管理人员的义务与责任

董事与公司之间的关系原则上是一种委任关系，同时兼顾民法上的代理关系。因此在实务中，董事与公司通常不签订聘用合同或劳动合同，而签署委任合同或服务协议。委任合同和聘用合同主要存在两方面差异：一是适用的法律不同，委任合同主要适用公司法，而聘用合同主要适用劳动合同法；二是权利义务关系的具体内容不同，在委任合同项下，公司要基于公司法赋予董事具体权利并让其承担忠诚义务和勤勉义务，而基于劳动合同法的聘用合同往往是关于雇员与公司之间义务的约定。

二、董事、监事、高级管理人员的法律地位

董事、监事、高级管理人员是公司机关的组成部分。新《公司法》第11条第1款规定，"法定代表人以公司名义从事的民事活动，其法律后果由公司承受"；该条第3款规定，"法定代表人因执行职务造成他人损害的，由公司承担民事责任。公司承担民事责任后，依照法律或者公司章程的规定，可以向有过错的法定代表人追偿"。第191条又进一步规定，"董事、高级管理人员执行职务，给他人造成损害的，公司应当承担赔偿责任；董事、高级管理人员存在故意或者重大过失的，也应当承担赔偿责任"。可以看出，董事、监事、高级管理人员本质上就是公司机关的组成部分。

第二节　董事、监事、高级管理人员的资格

一、董事、监事、高级管理人员的积极资格

积极资格,是指董事、监事、高级管理人员能够胜任相关职务的资格。部分国家的公司法对董事、监事、高级管理人员的积极资格作出了明确规定,如德国《股份公司法》第76条第3款规定,董事只能是具有完全民事行为能力的自然人。新《公司法》并没有对董事、监事、高级管理人员的积极资格作出明确规定,但从第178条规定来看,应理解为具有完全民事行为能力的自然人。同时根据我国相关法律规定,特定身份的人担任公司的董事、监事、高级管理人员,应当

经有关机关批准,并不得领取兼职报酬。[1] 关于外籍自然人能否担任公司董事、监事、高级管理人员,法律并未作出明确规定。实践中,外籍自然人是可以担任中国公司董事、监事、高级管理人员的,我国上市公司中就不乏外籍自然人担任上市公司董事、监事和高级管理人员。

二、董事、监事、高级管理人员的消极资格

消极资格,是指法律禁止担任公司董事、监事、高级管理人员的情形。我国《公司法》对董事、监事、高级管理人员的消极资格进行了明确规定。新《公司法》第178条明确规定了5种不得担任公司董事、监事、高级管理人员的情形:(1)无民事行为能力或者限制民事行为能力;(2)因贪污、贿赂、侵占财产、挪用财产或者破坏社会主义市场经济秩序,被判处刑罚,或者因犯罪被剥夺政治权利,执行期满未逾5年,被宣告缓刑的,自缓刑考验期满之日起未逾2年;(3)担任破产清算的公司、企业的董事或者厂长、经理,对该公司、企业的破产负有个人责任的,自该公司、企业破产清算完结之日起未逾3年;(4)担任因违法被吊销营业执照、责令关闭的公司、企业的法定代表人,并负有个人责任的,自该公司、企业被吊销营业执照、责令关闭之日起未逾3年;(5)个人因所负数额较大债务到期未清偿被人民法院列为

---

[1] 参见《中华人民共和国公务员法》第44条。

失信被执行人。

除《公司法》外,我国其他法律中也有对特定公司董事、监事、高级管理人员消极资格的规定,需要予以特别关注并严格遵循,包括《中华人民共和国证券法》(以下简称《证券法》)中关于证券公司董事、监事、高级管理人员任职资格的规定,《中华人民共和国商业银行法》中关于商业银行董事、监事、高级管理人员任职资格的规定,《中华人民共和国保险法》中关于保险公司董事、监事、高级管理人员任职资格的规定,《中华人民共和国证券投资基金法》中关于基金管理公司董事、监事、高级管理人员任职资格的规定等。

第三节　董事、监事、高级管理人员的义务

一、新《公司法》相关规定

第一百八十条　董事、监事、高级管理人员对公司负有忠实义务,应当采取措施避免自身利益与公司利益冲突,不得利用职权牟取不正当利益。

董事、监事、高级管理人员对公司负有勤勉义务,执行职务应当为公司的最大利益尽到管理者通常应有的合理注意。

公司的控股股东、实际控制人不担任公司董事但实际执行公司事务的,适用前两款规定。

第一百八十一条　董事、监事、高级管理人员不得有下列行为:

(一)侵占公司财产、挪用公司资金;

(二)将公司资金以其个人名义或者以其他个人名义开立账户存储;

(三)利用职权贿赂或者收受其他非法收入;

(四)接受他人与公司交易的佣金归为己有;

(五)擅自披露公司秘密;

(六)违反对公司忠实义务的其他行为。

第一百八十二条 董事、监事、高级管理人员,直接或者间接与本公司订立合同或者进行交易,应当就与订立合同或者进行交易有关的事项向董事会或者股东会报告,并按照公司章程的规定经董事会或者股东会决议通过。

董事、监事、高级管理人员的近亲属,董事、监事、高级管理人员或者其近亲属直接或者间接控制的企业,以及与董事、监事、高级管理人员有其他关联关系的关联人,与公司订立合同或者进行交易,适用前款规定。

第一百八十三条 董事、监事、高级管理人员,不得利用职务便利为自己或者他人谋取属于公司的商业机会。但是,有下列情形之一的除外:

(一)向董事会或者股东会报告,并按照公司章程的规定经董事会或者股东会决议通过;

(二)根据法律、行政法规或者公司章程的规定,公司不能利用该商业机会。

第四章　股份有限公司董事、监事、高级管理人员的义务与责任

第一百八十四条　董事、监事、高级管理人员未向董事会或者股东会报告，并按照公司章程的规定经董事会或者股东会决议通过，不得自营或者为他人经营与其任职公司同类的业务。

第一百八十五条　董事会对本法第一百八十二条至第一百八十四条规定的事项决议时，关联董事不得参与表决，其表决权不计入表决权总数。出席董事会会议的无关联关系董事人数不足三人的，应当将该事项提交股东会审议。

二、忠实义务

新《公司法》第180条第1款对忠实义务进行了明确规定，董事、监事、高级管理人员对公司负有忠实义务，应当采取措施避免自身利益与公司利益冲突，不得利用职权牟取不正当利益。公司基于对董事、监事、高级管理人员品德、才能的信任（trust）、信赖（confidence）或依赖（reliance）而委任其管理公司事务，在此情形下，董事、监事和高级管理人员即对公司负有忠实义务。[1]作为公司董事、监事或高级管理人员，在履行职责的时候应以公司利益为出发点和目标，在个人利益与公司利益发生冲突时，应放弃个人利益，以公司利益为

---

[1]　在英美公司法中，有"duty of loyalty""fiduciary duty"等表述。"duty of loyalty"即要求董事或高管将公司的最佳利益置于自己或控股股东的利益之上，如有违反"duty of loyalty"的行为，就不能援引"business judgment rule"（商业经营判断规则）。至于是否履行"duty of loyalty"是个事实问题。

优先。

新《公司法》第181条进一步明确了违反忠实义务的具体情形：(1)侵占公司财产、挪用公司资金；(2)将公司资金以其个人名义或者以其他个人名义开立账户存储；(3)利用职权贿赂或者收受其他非法收入；(4)接受他人与公司交易的佣金归为己有；(5)擅自披露公司秘密；(6)违反对公司忠实义务的其他行为。

> 最高人民法院在李某、深圳市华佗在线网络有限公司损害公司利益责任纠纷再审审查与审判监督案[1]中，对违反忠诚义务的认定进行了详细说理。最高人民法院查明的事实为，2015年4月28日之前，再审申请人(一审被告，二审上诉人)李某担任深圳市华佗在线网络有限公司(以下简称华佗在线)唯一股东深圳市美谷佳科技有限公司(以下简称美谷佳)的法定代表人、董事长和总经理。2014年1月，华佗在线获得和广东省第二人民医院(以下简称省二医)合作网络医院项目的商业机会。2014年11月20日，省二医在与深圳友德医科技有限公司(以下简称友德医)签订《友德医网络医院合作协议》后，终止与华佗在线就网络医院项目的合作。而有证据证明李某在担任美谷佳董事长、总经理及技

---

[1] 最高人民法院民事裁定书,(2021)最高法民申1686号。

团队主要负责人期间,未经美谷佳股东会同意,另行操控友德医并将华佗在线与省二医合作的网络医院项目交由友德医经营,非法获取了本属华佗在线的商业机会,损害了华佗在线及其母公司美谷佳的利益。最高人民法院认为:第一,根据2018年《公司法》第147条、第148条、第149条的规定,李某在作为美谷佳的董事、总经理期间对美谷佳负有法定的忠实义务和竞业禁止义务,不得篡夺美谷佳的商业机会。第二,李某对华佗在线亦负有忠实义务和竞业禁止义务。董事对公司所负的忠实义务、竞业禁止义务应不限于董事所任职的公司自身,还应包括公司的全资子公司、控股公司等,如此方能保障公司及其他股东的合法权益,真正实现公司法设置忠实义务、竞业禁止义务的立法本意。本案中,美谷佳是华佗在线的全资股东,双方利益具有显见的一致性,李某对美谷佳所负的忠实义务和竞业禁止义务应自然延伸至美谷佳的子公司华佗在线。第三,李某实施了损害华佗在线利益的行为。因此,李某违反了对美谷佳、华佗在线所负忠实义务和竞业禁止义务。最终,最高人民法院经审理认为,原判决认定李某违反了对美谷佳和华佗在线所负忠实义务和竞业禁止义务,并无不当,驳回李某的再审申请。

三、勤勉义务

新《公司法》第180条第2款对勤勉义务进行了明确规定,董事、监事、高级管理人员对公司负有勤勉义务,执行职务应当为公司的最大利益尽到管理者通常应有的合理注意。勤勉义务,也称注意义务、谨慎义务或审慎义务,大陆法系也称善管义务,着重关注董事、监事、高级管理人员行为本身和作出决策的过程是否尽职到位。

在美国,有关董事勤勉义务最常被引用的正式表述有两个。一是美国《示范公司法修正本》,其表述为董事在履行职责时必须:(1)怀有善意;(2)要像一个正常的谨慎之人在类似的处境下应有的谨慎那样去履行职责;(3)采用良好的方式,这是他有理由相信符合公司利益的最佳方式。二是1966年宾夕法尼亚州的塞尔海默诉美国锰业公司案(Selheimer v. Manganese Corp. of America)确立了一般的审慎之人在类似情况下处理其个人事务时应尽到的勤勉、注意与技能等标准。根据美国各州公司法及判例,董事及高级管理人员均须负最低限度的注意义务(duty of care)。注意义务采取一般谨慎人标准(ordinary prudent person),多认为系指一位一般谨慎之人处于类似情境下或居于类似职位时所会尽到的注意程度。

关于董事、监事、高级管理人员勤勉与否的具体判断标准,新《公司法》并未明确规定。本书认为应结合多种因素进行具体判断,主要应包括:第一,洞察行业发展的态势及同类可比公司的业务及发展情

第四章 股份有限公司董事、监事、高级管理人员的义务与责任

况;第二,关注、了解、熟悉公司业务状况,定期询问、查看有关公司业务的资讯;第三,关注公司股票行情、舆情,以及媒体关于公司的报道并及时核实;第四,认真审阅董事会、监事会(如适用)议案,公司定期报告、临时报告,各种确认意见及承诺函;第五,注重专业机构的意见和判断;第六,亲自参加董事会、监事会,不无故缺席;第七,敢于对其审阅的文件内容是否真实、准确、完整提出异议并留痕。

在康美药业股份有限公司证券虚假陈述责任纠纷案[1]中,公司董事、监事及高级管理人员因未勤勉尽责而承担了相应赔偿责任。康美药业股份有限公司(以下简称康美药业)作为上市公司,披露的《2016年年度报告》《2017年年度报告》《2018年半年度报告》中存在虚假记载,虚增营业收入、利息收入及营业利润,虚增货币资金;披露的《2016年年度报告》《2017年年度报告》《2018年年度报告》中存在重大遗漏,未按规定披露控股股东及其关联方非经营性占用资金的关联交易情况。法院认为,马某耀、林某浩、李某、江某平、李某安、罗某谦、林某雄、李某华、韩某伟、王某、张某甲、郭某慧、张某乙等被告,虽然并非具体分管康美药业财务工作,但康美药业财务造假持续时间长,涉及会计科目

---

[1] 广东省广州市中级人民法院民事判决书,(2020)粤01民初2171号。

众多,金额巨大,前述被告作为董事、监事或高级管理人员如尽勤勉义务,即使仅分管部分业务,也不可能完全不发现端倪。因此,虽然前述被告作为董事、监事或高级管理人员并未直接参与财务造假,却未勤勉尽责,存在较大过失,且均在案涉定期财务报告中签字,保证财务报告真实、准确、完整,所以前述被告是康美药业信息披露违法行为的其他直接责任人员,依据2014年《证券法》第69条之规定,马某耀、林某浩等被告应当承担与其过错程度相适应的赔偿责任。其中,马某耀、林某浩、李某、罗某谦、林某雄、李某华、韩某伟、王某均非财务工作人员,过失相对较小,法院酌情判令其在投资者损失的20%范围内承担连带赔偿责任;江某平、李某安、张某甲为兼职的独立董事,不参与康美药业日常经营管理,过失相对较小,法院酌情判令其在投资者损失的10%范围内承担连带赔偿责任;郭某慧、张某乙为兼职的独立董事,过失相对较小,且仅在《2018年半年度报告》中签字,法院酌情判令其在投资者损失的5%范围内承担连带赔偿责任。

四、新《公司法》关于董监高义务的规制体系

新《公司法》关于董事、监事、高级管理人员的义务规制主要涉及六个方面:第一,遵守法律、行政法规和公司章程(第179条);第二,按要求出席股东会并接受质询(第187条);第三,竞业禁止(第184

条);第四,依法利用公司的商业机会,即竞业禁止的例外(第183条);第五,依法履行关联交易报告制度(第182条);第六,依法履行关联交易回避制度(第185条)。

第四节　董事、监事、高级管理人员的责任

一、新《公司法》相关规定

第五十一条　有限责任公司成立后,董事会应当对股东的出资情况进行核查,发现股东未按期足额缴纳公司章程规定的出资的,应当由公司向该股东发出书面催缴书,催缴出资。

未及时履行前款规定的义务,给公司造成损失的,负有责任的董事应当承担赔偿责任。

第五十三条　公司成立后,股东不得抽逃出资。

违反前款规定的,股东应当返还抽逃的出资;给公司造成损失的,负有责任的董事、监事、高级管理人员应当与该股东承担连带赔偿责任。

第四章　股份有限公司董事、监事、高级管理人员的义务与责任

第一百六十三条　公司不得为他人取得本公司或者其母公司的股份提供赠与、借款、担保以及其他财务资助，公司实施员工持股计划的除外。

为公司利益，经股东会决议，或者董事会按照公司章程或者股东会的授权作出决议，公司可以为他人取得本公司或者其母公司的股份提供财务资助，但财务资助的累计总额不得超过已发行股本总额的百分之十。董事会作出决议应当经全体董事的三分之二以上通过。

违反前两款规定，给公司造成损失的，负有责任的董事、监事、高级管理人员应当承担赔偿责任。

第一百九十一条　董事、高级管理人员执行职务，给他人造成损害的，公司应当承担赔偿责任；董事、高级管理人员存在故意或者重大过失的，也应当承担赔偿责任。

第二百三十二条　公司因本法第二百二十九条第一款第一项、第二项、第四项、第五项规定而解散的，应当清算。董事为公司清算义务人，应当在解散事由出现之日起十五日内组成清算组进行清算。

清算组由董事组成，但是公司章程另有规定或者股东会决议另选他人的除外。

清算义务人未及时履行清算义务，给公司或者债权人造成损失的，应当承担赔偿责任。

二、董事、监事、高级管理人员的民事赔偿责任

新《公司法》关于董事、监事、高级管理人员的责任主要包括民事赔偿责任和行政责任两个层面。基于《公司法》2023年修订中"强化控股股东和经营管理人员的责任"的要求,在民事赔偿责任层面,新《公司法》总结我国司法实践经验及相关经验,增加了董事催缴出资和清算责任,增加了董监高对股东抽逃出资的连带赔偿责任和对违法提供财务资助的赔偿责任,并且增加了董事、高管对第三人的赔偿责任。

(一)董事未及时催缴出资的赔偿责任

新《公司法》第51条规定,董事会有催缴股东出资的义务,未履行义务的,负有责任的董事应当承担赔偿责任。该条是《公司法》修改的新增条文,是我国首次对董事会核查、催缴股东实缴出资情况的职责作出规定,该规定同样适用于股份有限公司。这一新增条文回应了我国司法实践的现实需求。在2023年《公司法》修改前,最高人民法院就曾在斯曼特微显示科技(深圳)有限公司与胡某某等损害公司利益责任纠纷案中,基于公司6位董事未履行向股东催缴出资的勤勉义务,判决其对公司遭受的股东出资未到位的损失承担相应的赔偿责任。[1]

---

[1] 参见最高人民法院民事判决书,(2018)最高法民再366号。

第四章　股份有限公司董事、监事、高级管理人员的义务与责任

董事会催缴出资的前提是,股东"未按期足额缴纳公司章程规定的出资"。其中,"按期"一般是指公司章程规定的股东期限,但在公司不能清偿到期债务时,出资缴纳期限应以公司或者已到期债权的债权人按照新《公司法》第54条要求的出资加速到期期限为准。此外,对于股东用以出资的非货币财产的实际价值显著低于认缴出资金额,以及股东抽逃出资的,董事会也负有催缴出资的义务。

董事未及时催缴出资的赔偿责任属于侵权责任。让董事承担赔偿责任应同时满足五个要件:第一,该董事是负有催缴出资义务的董事,一般应认定为相关事宜的分管董事或负责财务的董事,但也不排除法院认为公司全体董事都负有催缴出资的义务。此等情形下,在董事们向公司承担赔偿责任后,可以结合每位董事的专业、职责分工、工作经验等多种因素,依据过错程度进行内部求偿。建议公司在公司章程或内部工作制度文件中,对负有催缴出资义务的董事进行明确规定,既可以避免董事之间推诿责任,也更有利于催缴工作的落实。第二,该董事不履行催缴股东出资的义务或不作为。新《公司法》第51条规定,公司向股东发出的催缴出资书应采用书面形式,包括信件、电子邮件、电报、传真等形式,因此相关董事采用书面形式催缴出资既可以满足新《公司法》的要求,未来也可以作为董事主张其履行了催缴出资义务的证明。需要注意的是,发出书面催缴出资通知并非董事履行催缴义务的唯一方式,在负有催缴义务的董事多次提议召开董事会履行核查、催缴职责但其他董事拒绝的情况下,或在

负有催缴义务的董事在董事会上投赞成票支持催缴的情况下,也应视为该董事履行了催缴职责。第三,该董事在主观上存在过错。如果该董事被财务告知股东已按期足额缴纳出资并核查了相关出资凭证,即使最终发现与事实相悖也应免除该董事的责任。第四,股东未及时履行出资义务给公司造成了损失,造成的损失既包括对公司经营等造成的经济损失,也包括未按期足额缴纳出资的利息损失。第五,董事未履行催缴义务与公司受损之间存在因果关系。

此外,应注意董事催缴出资承担的是"赔偿责任",而非"连带赔偿责任"。在新《公司法》一审稿中,此处规定的是"连带赔偿责任",除该条外,一审稿中还有多处关于董监高需承担连带赔偿责任的规定,考虑到连带赔偿责任过于苛刻,最终新《公司法》中多处关于董监高的责任都改为"赔偿责任"。

(二)董监高对股东抽逃出资的连带赔偿责任

新《公司法》第53条对股东抽逃出资及抽逃出资的责任进行了规定,该条同样适用于股份有限公司。不得随意抽回出资是股东出资义务的一部分,股东抽逃出资属于股东对公司财产的侵权行为,实践中通常表现为股东利用关联交易或虚构债权债务关系将出资转出,或在公司不符合盈利分配条件时通过虚增利润进行分配。

当股东抽逃出资时,公司或者其他股东有权请求其向公司返还出资本息,负有责任的董监高对此承担连带责任。公司债权人亦有权请求抽逃出资的股东在抽逃出资本息范围内对公司债务不能清偿的部分承担补充赔偿责任,负有责任的董监高对此承担连带责任。

关于"负有责任"的董监高的理解,应与第51条"负有责任的董事"有所区分。第51条明确了董事会负有催缴股东出资的义务,违反义务的表现是一种不作为,因此一般情况下所有董事都可能是要对催缴出资负责的人。而第53条规定的抽逃出资是一种侵权行为,"负有责任"的董监高应理解为帮助股东抽逃出资的董监高,在共同侵权的情况下其应承担连带责任,包括股东尚未返还的出资及公司因抽逃出资遭受的损失。

(三)董监高对违法提供财务资助的赔偿责任

新《公司法》第163条是关于禁止股份有限公司为他人取得本公司或母公司股份提供财务资助的规定,该条采用了原则禁止、例外允许的立法模式,为新增条文。这一规定是为了满足公司资产维持的需要,避免公司资产不当流向未来股东或原股东,也避免公司出现利用自有资产操纵股价的情况。

该条第3款规定,董监高要对违法提供财务资助承担赔偿责任,负有责任的董监高承担赔偿责任需满足以下三个条件:第一,公司提供财务资助的行为违反了第163条前两款的规定,因此对该两款规定的具体解读尤为重要。其中,"他人"既包括未来可能成为本公司或母公司新股东的购买方,也包括增持股份的原股东;"股份"既包括股份自身,也包括可转债等具有股权性质的权益凭证;财务资助的形式既包括赠与、借款、担保等积极行为,也包括免除债务等消极行为,应秉持实质重于形式的判断标准,从是否导致公司净资产减少和是否构成公司资产的变相分配的角度,对财务资助行为进行判断,这两方面也是判断是否做到"为公司利益"的依据。第二,公司因违法财务资助遭受了损失。第三,董监高存在过错。相较于董事和高管,监事因仅承担监督义务,最终承担的赔偿责任可能更小,仅在监督不力的范围内承担责任,而董事和高管一般会对全部损失承担责任。

需要注意的是,第2款规定了财务资助事项原则上由股东会作出决议,但并未明确股东会决议比例要求,鉴于新《公司法》对于财务资助行为的谨慎态度,建议公司在实践中采用特别多数决。

此外,上市公司、非上市公众公司和国企还应遵守相关特别规定。例如,上市公司还应遵守《上市公司股权激励管理办法》第21条第2款、《上市公司收购管理办法》第8条第2款、《上市公司证券发行注册管理办法》第66条关于不得在股权激励、收购、定向发行中提供财务资助的规定;非上市公众公司还应遵守《非上市公众公司收购管理办法》第8条第2款、《非上市公众公司监督管理办法》第16条第1款的规定;国企还应遵守《关于国有控股混合所有制企业开展员工持股试点的意见》《中央企业控股上市公司实施股权激励工作指引》的相关规定。

(四)董事、高管对第三人的赔偿责任

新《公司法》第191条新增加了董事和高管对第三人的直接责任。当董事和高管因执行职务对公司外部人造成侵害时,之前的《公

第四章　股份有限公司董事、监事、高级管理人员的义务与责任

司法》一般是基于代理理论认定由公司对外承担责任，因为从法理上来说，董事和高管不是第三人的受托人，也不是其代理人，只是履职致人损害，理应公司先赔再内部求偿。但由于实践中存在大量董事、高管滥用权利通过公司损害第三人利益的案件，为更有效地保障第三人利益，新《公司法》突破性地规定了董事、高管存在故意或重大过失时对第三人的直接责任，以期起到合理的震慑作用。

该条规定的责任为"赔偿责任"而非"连带责任"。一审稿中原本规定为连带责任，但引发很大争议，后此条文表述改为"赔偿责任"，可见立法者摒弃了连带责任的立场，将董事、高管对第三人的责任确定为补充责任，即公司先清偿，再由董事、高管对不能清偿部分承担补充责任。

董事、高管对第三人承担责任需满足四个前提条件：第一，第三人的损害是由董事、高管执行职务造成的。第二，董事、高管存在故意或重大过失，需要结合是否违背了对公司的信义义务来判断。第三，他人受到损害。这里的他人包括员工等利益相关者，但不应包括公司股东，股东在受到侵害时可通过直接诉讼或代表诉讼寻求救济。第四，董事、高管行为与他人损害存在因果关系。

（五）董事未及时履行清算义务的赔偿责任

《民法典》《最高人民法院关于适用〈中华人民共和国公司法〉若干问题的规定（二）》《九民纪要》中均有公司清算义务人的相关规定，新《公司法》结合司法实践的需要对清算义务人制度作出了系

性的修改。首先,所有董事都是公司清算义务人,董事会的任一成员都享有组成清算组的职权,并负有及时组织清算的职责。值得注意的是,上市公司独立董事是否也承担清算义务?独立董事与一般董事存在一定差异,独立董事不在公司担任除董事外的其他职务,其主要通过监督上市公司的经营管理来发挥保护中小股东权益的作用。由于上市公司的清算关涉中小股东剩余索取权的实现,独立董事也应在清算程序中履行监督职能,承担启动清算程序的义务。因此,新《公司法》第232条规定的清算义务人,应包括上市公司的独立董事。其次,应区分清算义务人和清算组的义务。清算组的义务规定在新《公司法》第234条,包括清理公司财产,通知、公告债权人,处理与清算有关的公司未了结的业务等。清算义务人仅负有在法定期限内组成清算组的义务,与清算的具体实施无关。最后,董事未及时履行清算义务的民事责任为侵权责任,应满足侵权责任构成要件。并且,该民事责任为赔偿责任,而非清算责任或清偿责任。

(六)其他民事赔偿责任

除上述民事责任外,新《公司法》还规定了以下民事赔偿责任:

第一,违法分配利润给公司造成损失的赔偿责任。新《公司法》第211条规定,公司违反本法规定向股东分配利润的,股东应当将违反规定分配的利润退还公司;给公司造成损失的,股东及负有责任的董事、监事、高级管理人员应当承担赔偿责任。

第二,违法减少注册资本的赔偿责任。新《公司法》第226条规定,违反本法规定减少注册资本的,股东应当退还其收到的资金,减免股东出资的应当恢复原状;给公司造成损失的,股东及负有责任的董事、监事、高级管理人员应当承担赔偿责任。

第三,利用关联关系损害公司利益时的赔偿责任。新《公司法》第22条规定,公司董事、监事、高级管理人员不得利用关联关系损害公司利益。违反前款规定,给公司造成损失的,应当承担赔偿责任。

第四,履职过程中因违法违规给公司造成损失时的赔偿责任。新《公司法》第188条规定,董事、监事、高级管理人员执行职务违反法律、行政法规或者公司章程的规定,给公司造成损失的,应当承担赔偿责任。

三、董事、监事、高级管理人员的行政责任

新《公司法》关于董事、监事、高级管理人员的行政责任主要涉及以下几个方面:

第一,虚报公司注册资本、提交虚假材料或采取其他欺诈手段隐瞒重要事实取得公司登记的行政责任。新《公司法》第250条规定,违反本法规定,虚报注册资本、提交虚假材料或者采取其他欺诈手段隐瞒重要事实取得公司登记的,对直接负责的主管人员和其他直接责任人员处以3万元以上30万元以下的罚款。

第二,未依法公示有关信息或者不如实公示有关信息的行政责任。新《公司法》第251条规定,公司未依照本法第40条规定公示有

关信息或者不如实公示有关信息的,对直接负责的主管人员和其他直接责任人员处以1万元以上10万元以下的罚款。

第三,虚假出资的行政责任。新《公司法》第252条规定,公司的发起人、股东虚假出资,未交付或者未按期交付作为出资的货币或者非货币财产的,对直接负责的主管人员和其他直接责任人员处以1万元以上10万元以下的罚款。

第四,抽逃出资的行政责任。新《公司法》第253条规定,公司的发起人、股东在公司成立后,抽逃其出资的,对直接负责的主管人员和其他直接责任人员处以3万元以上30万元以下的罚款。

第五,违法进行公司清算的行政责任。新《公司法》第256条规定,公司在进行清算时,隐匿财产,对资产负债表或者财产清单作虚假记载,或者在未清偿债务前分配公司财产的,对直接负责的主管人员和其他直接责任人员处以1万元以上10万元以下的罚款。

第五章

控股股东、实际控制人的义务与责任

　　本章将主要介绍控股股东、实际控制人的内涵以及新《公司法》对控股股东、实际控制人的法律规制，包括控股股东、实际控制人行使董事职权时需承担董事的忠实义务和勤勉义务，控股股东不得滥用股东权利损害公司、其他股东或者公司债权人的利益，控股股东、实际控制人控制董事、高级管理人员损害公司或其他股东利益后需承担连带责任，控股股东、实际控制人不得利用关联关系损害公司利益等，上市公司控股股东、实际控制人应重点关注事实董事和影子董事这两个新增制度对其义务与责任的约束。

第一节 控股股东、实际控制人的义务与责任概述

一、控股股东、实际控制人的内涵

新《公司法》第265条规定,控股股东是指其出资额占有限责任公司资本总额超过50%或者其持有的股份占股份有限公司股本总额超过50%的股东;出资额或者持有股份的比例虽然低于50%,但依其出资额或者持有的股份所享有的表决权已足以对股东会的决议产生重大影响的股东。新《公司法》对控股股东的界定仅作了细微调整,根据该条规定,控股股东既包括出资额或持股比例超过50%的绝对控股股东,也包括出资额或持股比例低于50%但其享有的表决权能够对股东会的决议产生重大影响的相对控股股东。需要注意的是,控股股东既可以是某一位股东,也可能是受同一主体控制或通过

协议方式统一行使表决权的多个股东。此外，在相对控制的情形下，某一股东或一致行动人能否通过行使表决权对公司董事会的组成、公司经营和业务等产生重大而持续的影响，是判断其是否达到相对控制程度的关键因素。

关于实际控制人，新《公司法》将其界定为通过投资关系、协议或者其他安排，能够实际支配公司行为的人。相较于2018年《公司法》，新《公司法》删除了实际控制人"不是股东"的表述，进而解决了之前只要持有公司股份就不能认定为公司实际控制人的问题，让实际控制人的定义更加周延、合理。实际控制人可以通过三种方式获得公司控制权。一是投资关系，即实际控制人通过投资目标公司的母公司等，实现对该公司的支配。二是通过协议控制目标公司，例如，与公司签订协议彻底控制其原材料来源、销售渠道等，迫使目标公司借此维持存续，进而支配目标公司；签订对赌协议后入驻目标公司进行控制；也可能是通过与股东或者董事、经理签订协议控制公司经营。三是通过其他安排支配公司行为，一般是通过对董事、经理的任免，与公司股东、管理层的亲属关系，作为公司实际经营者等支配公司。[1] 实践中，公司可能有一位或多位实际控制人，也可能没有实际控制人。

此外，上市公司实际控制人的认定还要结合证券相关法律法规

---

[1] 参见赵旭东主编：《新公司法条文释解》，法律出版社2024年版，第559页。

的规定。例如,《上市公司收购管理办法》第 84 条规定:"有下列情形之一的,为拥有上市公司控制权:(一)投资者为上市公司持股 50%以上的控股股东;(二)投资者可以实际支配上市公司股份表决权超过 30%;(三)投资者通过实际支配上市公司股份表决权能够决定公司董事会半数以上成员选任;(四)投资者依其可实际支配的上市公司股份表决权足以对公司股东大会的决议产生重大影响;(五)中国证监会认定的其他情形。"

二、控股股东、实际控制人违规案例

实践中,控股股东、实际控制人违反忠实义务和勤勉义务主要表现为违规资金占用、违规担保和违规信息披露等。

> 2018 年至 2021 年 9 月底,上市公司江南模塑科技的实际控制人关联方、董事长兼总经理曹某通过不合理费用报销占用上市公司资金日最高余额为 357.83 万元。公司于 2022 年 1 月 7 日披露《关于前期会计差错更正及追溯调整的公告》,就上述非经营性资金占用及孙公司财务管理和会计核算不规范事项对公司《2020 年年度报告》《2021 年度三季报报告》的多项财务指标进行了更正,更正前后净利润差异金额为 507.99 万元。2022 年 2 月 22 日,深圳证券交易所(以下简称深交所)对江南模塑科技及曹某发

出监管函。[1]

2018年,上市公司中超控股公司原实际控制人、法人黄某光私刻公司公章,导致公司背上近15亿元的债务,使公司濒临破产。黄某光在法院出具的书面材料中指出,公司提供的"最高额保证合同"是在没有经过董事会、股东大会批准的情况下私下签订的,公章是私刻的,公司不知情,该借款也没有用于公司。其本人在入主中超控股之前,为筹集资金向债权人借款。在担任中超控股董事长期间,其在受胁迫下,没有经过董事会、股东大会批准,私刻公司假公章,以中超控股名义为本人及其关联公司、关联人员的借款提供了担保。在违规担保事项发酵后,中超控股不断披露重大诉讼进展和银行账户被冻结的公告。截至2019年5月8日,公司银行账户被冻结金额为795.49万元。同年5月17日,公司再次公告,部分银行账户被冻结,被冻结的资金余额共计111.98万元。因为控制权之争以及相关诉讼,中超控股接连收到深交所发出的7封关注函。同时,因中超控股违规担保涉诉的多起案件法院尚未正式判决且涉案金额巨大,会计师事务所对中超控股2018年度财务报告出具了"带强调事项段的无保留意见"的

---

[1] 参见深圳证券交易所《关于对江南模塑科技股份有限公司的监管函》(公司部监管函〔2022〕第32号)。

第五章 控股股东、实际控制人的义务与责任

审计报告,中超控股主体信用评级也被下调。2022年7月8日,深交所对黄某光给予公开谴责的处分。[1]

2024年5月21日,证监会对恒大地产集团有限公司(以下简称恒大地产)及其责任人员作出〔2024〕49号行政处罚决定书,就恒大地产披露的2019年、2020年年度报告中存在虚假记载,恒大地产公开发行公司债券存在欺诈发行,时任董事长许某某存在决策并组织实施财务造假等情形,对恒大地产处以41.75亿元罚款,对许某某处以4700万元罚款并采取终身证券市场禁入措施。此外,恒大地产的其他高级管理人员也都受到了相应的处分。这可谓证监会成立以来,对上市公司及个人作出的最严厉的惩罚。可见,我国对实际控制人加大监管力度和处罚力度的决心。

三、新《公司法》关于控股股东、实际控制人的规范概览

控股股东、实际控制人滥用公司控制权是我国公司治理最主要的问题,控股股东与中小股东之间的冲突也是我国公司治理中最主要的矛盾,但2018年《公司法》未对控股股东及实际控制人给予应有的关注和规制。由于控股股东和实际控制人对公司享有控制权和控制利益,应在完善中小股东保护制度的过程中对控股股东、实际控制

---

[1] 参见《江苏中超控股股份有限公司2022年半年度报告全文》。

人提出特殊义务要求。基于实践的需要,新《公司法》在继承和完善2018年《公司法》对控股股东、实际控制人的相关规制的同时,极大地强化了控股股东、实际控制人的义务和责任,加大对控股股东、实际控制人诚信义务的规范力度,增加了控股股东对被压迫股东的股权收购义务,并增加了事实董事制度和影子董事制度。除了上述新增制度,新《公司法》第21条规定了股东不得滥用股东权利损害公司、股东合法权益的义务,如控股股东不得通过控制股东会,决议不给中小股东分红;第22条规定了控股股东、实际控制人不得利用关联关系损害公司利益的义务;第23条规定了股东不得滥用股东权利损害公司债权人利益;等等。上述规范相结合,共同组成了我国公司法关于控股股东、实际控制人的规范体系,构建起控股股东、实际控制人完整的义务与责任规范。

第二节　控股股东不得滥用股东权利

一、新《公司法》相关规定

第二十一条　公司股东应当遵守法律、行政法规和公司章程,依法行使股东权利,不得滥用股东权利损害公司或者其他股东的利益。

公司股东滥用股东权利给公司或者其他股东造成损失的,应当承担赔偿责任。

第二十三条　公司股东滥用公司法人独立地位和股东有限责任,逃避债务,严重损害公司债权人利益的,应当对公司债务承担连带责任。

股东利用其控制的两个以上公司实施前款规定行为的,各公司应当对任一公司的债务承担连带责任。

只有一个股东的公司,股东不能证明公司财产独立于股东自己的财产的,应当对公司债务承担连带责任。

第八十九条第三款 公司的控股股东滥用股东权利,严重损害公司或者其他股东利益的,其他股东有权请求公司按照合理的价格收购其股权。

二、规则解读

无论是控股股东还是其他股东,在行使股东权利时都应遵守法律、行政法规和公司章程的规定。法律和行政法规构成社会公共利益和公共秩序的底线规则,公司章程是对股东与公司,股东与其他股东,股东与董事、高级管理人员之间权利义务关系进行调整的具体法律文件,是公司自治的宪章。股东在行使股东权利时应受到内部和外部规则的共同约束。

实践中,存在诸多股东滥用股东权利损害公司或者其他股东利益的情形。除控股股东外,中小股东也存在滥用股东权利的情形。例如,中小股东通过其享有的查阅权,为个人目的,以查账为由窃取公司商业秘密,构成股东权利的滥用。新《公司法》在股东知情权行使方面作出了重大调整,赋予了中小股东前所未有的行权手段,其中最突出的一项即扩大了知情权的行权范围,赋予股东查阅会计账簿、会计凭证的权利,满足条件的股东可以查阅发票、合同、小票、银行流水单等公司原始凭证和记账凭证。考虑到股份有限公司股东人数众多,为避免给公司施以过多不必要负担,新《公司法》将能够查阅公司会计账簿、会计凭证的股东限定在"连续180日以上单独或者合计持有公司3%以上股份的股东"之中。即便如此,满足条件的中小股东也可能以刺探商业秘密为目的行使查阅权,从而构成股东权利的滥用。此外,股东滥用提案权,通过恶意提案扰乱公司治理,也构成股东权利的滥用。

从控股股东的角度来看,其权利的滥用主要体现为滥用表决权。例如,控股股东利用表决权优势,在股东会中决议不给中小股东分红,或进行不公平价格的定向增资或减资等,都会损害其他股东的合法权益,构成股东权利的滥用。再者,控股股东通过其在股东会中的绝对话语权,无故解除由中小股东担任或选任的董事或高级管理人员,不仅可能损害中小股东的合法权益,还可能为公司治理带来不利影响进而损害公司利益。控股股东还更容易因违反法律、法规及公司章程的程序性规定,侵害公司或其他股东利益。例如,控股股东违反对外担保中的相关回避规定,或在公司出售重大资产需股东会特别决议通过时无视章程的规定,都构成股东权利的滥用。此外,控股股东通过滥用公司法人独立地位和股东有限责任,逃避债务,严重损害公司债权人利益的,也构成股东权利的滥用。

新《公司法》第21条第2款规定了公司股东滥用股东权利给公司或者其他股东造成损失的,应当承担赔偿责任。该规定既约束中小股东,也约束控股股东。此外,新《公司法》第89条第3款规定了有限责任公司的控股股东滥用股东权利,严重损害公司或者其他股东利益的,其他股东有权请求公司按照合理的价格收购其股权。该条为新增内容,为中小股东摆脱控股股东压迫退出公司提供了通道,也弥补了2018年《公司法》仅为中小股东提供损害赔偿救济但不能帮助他们真正摆脱股东压迫退出公司的救济空缺。

关于有限责任公司异议股东股权回购请求权的规定,还应注意对以下三方面的理解:首先,控股股东给公司或其他股东造成的是利益的"严重损害",正是损害程度具有严重性,才使有限责任公司丧失人合性基础,此时若仅给予受损害股东与其股权公平价值相对应的损害赔偿救济,可能无法弥补因控股股东实施的隐蔽且不可预见的侵害行为所造成的损失。其次,关于"合理价格"的理解,应以双方协商确定的价格为准,在无法协商确定回购价格时,可以依据体现公司账面价值、会计价值的审计报告或评估报告进行确定。最后,股权回购主体为公司,且收购的本公司股权应当在6个月内依法转让或者注销,这也统一了与股份有限公司回购本公司股份后转让与注销的时限要求。

从条文关系上来看,新《公司法》第21条和第89条第3款构成控股股东滥用权利损害公司或其他股东利益的竞合,相关股东在面临上述问题时应如何适用上述规定维护自身合法权益仍有待在司法实践中进一步阐明。从控股股东滥用股东权利的角度来看,两条规定既有互补关系,也有递进关系。在控股股东滥用股东

第五章 控股股东、实际控制人的义务与责任

权利给公司或其他股东造成的损失尚不严重时,控股股东需要对上述损失承担赔偿责任;但在造成严重损失的情况下,受压迫股东既可以要求控股股东赔偿损失,也可以要求公司以合理价格回购其持有的股权。

控股股东的权利滥用不仅会损害公司和其他股东的利益,而且可能损害公司债权人的利益。因此,新《公司法》沿用了2018年《公司法》关于法人人格否认制度的规定,明确包括控股股东在内的公司股东滥用公司法人独立地位和股东有限责任,逃避债务,严重损害公司债权人利益的,应当对公司债务承担连带责任。在上述情形发生时,债权人可以将公司与滥用股东权利的股东同时列为被告,要求其对债务承担连带责任。这一连带责任是直接连带责任,而非补充连带责任。需要注意的是,公司人格独立和股东的有限责任是公司制度的基础,建议法院在适用该规定时审慎判断债权人利益受损的"严重"程度,避免大量公司法人人格被否定的案件出现,冲击公司法律制度。

股份有限公司应当高度重视新增的"横向法人人格否认"制度,深入理解"揭开公司面纱"在实践中的多样化适用情形,同时需充分关注上市公司在股权代持、纵向交叉持股等领域所受到的严格监管与限制,上述内容将在本书第八章第一节作进一步阐释与深入分析。

三、案例：袁某某与长江置业（湖南）发展有限公司请求公司收购股份纠纷案[1]

> 袁某某为长江置业(湖南)发展有限公司(以下简称长江置业公司)股东。2010年3月5日,长江置业公司形成股东会决议,明确由沈某、钟某某、袁某某3位股东共同主持工作,确认全部财务收支、经营活动和开支、对外经济行为必须通过申报并经全体股东共同联合批签才可执行,对重大资产转让要求以股东决议批准方式执行。但是,根据长江置业公司与袁某某的往来函件,在实行联合审批办公制度之后,长江置业公司对案涉二期资产进行了销售,该资产转让从定价到转让,均未取得股东袁某某的同意,也未通知其参加股东会。袁某某诉请长江置业公司回购其持有的20%股权。
>
> 本案的核心争议问题是袁某某未在股东会中投反对票,是否有权请求长江置业公司回购股权。最高人民法院在再审判决中指出,2018年《公司法》第74条规定,对股东会决议转让公司主要财产投反对票的股东有权请求公司以合理价格回购其股权。本

---

[1] 参见袁某某与长江置业(湖南)发展有限公司请求公司收购股份纠纷案,载《最高人民法院公报》2016年第1期。

案从形式上看,袁某某未参加股东会,未通过投反对票的方式表达对股东会决议的异议。但是,2018年《公司法》第74条的立法精神在于保护异议股东的合法权益,之所以对投反对票作出规定,意在要求异议股东将反对意见向其他股东明示。本案中袁某某未被通知参加股东会,无从了解股东会决议,并针对股东会决议投反对票。但袁某某在2010年8月19日申请召开临时股东会时,明确表示反对二期资产转让,要求立即停止转让上述资产,长江置业公司驳回了袁某某的申请,并继续对二期资产进行转让,已经侵犯了袁某某的股东权益。因此,对股东会决议转让公司主要财产投反对票的股东有权请求公司以合理价格回购其股权;非因自身过错未能参加股东会的股东,虽未对股东会决议投反对票,但对公司转让主要财产明确提出反对意见的,其请求公司以公平价格收购其股权,法院应予支持。

新《公司法》在2018年《公司法》第74条的基础上,新增了控股股东滥用股东权利时中小股东的回购救济制度,并构成新《公司法》第89条。该条规定了三种有限责任公司股权回购的情形,新增的第3款关于控股股东滥用股东权利时的股权回购相当于上述三种情形的兜底条款。除此之外,从上述案例中可以看出,最高人民法院肯定了有限责任公司在公司章程中对股权回购情形可以另行规定的做法。

第三节 控股股东、实际控制人不得利用关联关系损害公司利益

一、新《公司法》相关规定

第二十二条 公司的控股股东、实际控制人、董事、监事、高级管理人员不得利用关联关系损害公司利益。

违反前款规定,给公司造成损失的,应当承担赔偿责任。

二、规则解读

关联关系,是指公司控股股东、实际控制人、董事、监事、高级管理人员与其直接或者间接控制的企业之间的关系,以及可能导致公司利益转移的其他关系。关联交易则是建立在关联关系上的资源或义务的转移。关联交易是一把"双刃剑"。公平、公允、透明的关联交

易会为公司带来长期、稳定的交易关系,对公司的经营和发展都是有益的。但由于关联交易本质上存在利益的冲突,容易成为一种损害公司利益的手段,尤其是控股股东、实际控制人更容易通过对公司的控制权操控公司与其自身或者其关联方进行交易从而谋取不正当利益。因此,我国《公司法》对利用关联关系损害公司利益的情形进行了规制。

新《公司法》继承了2018年《公司法》关于控股股东、实际控制人等不得利用关联关系损害公司利益的规定,并规定其应对造成的损失承担赔偿责任。从立法角度来看,立法者并不是禁止控股股东、实际控制人进行关联交易,而是禁止利用关联交易谋取超过正常公平市场交易的不当利益。因此,控股股东、实际控制人在关联交易中,更应注重关联交易的合法性、合理性、必要性、公允性、程序正当性和透明性。

三、案例:西安陕鼓汽轮机有限公司与高某某等公司关联交易损害责任纠纷案[1]

> 西安陕鼓汽轮机有限公司(以下简称陕鼓汽轮机公司)成立于2009年5月26日,成立时高某某、程某任陕鼓汽轮机公司董事。而后,高某某先后担任陕鼓汽轮机公司副董事长、总经理,程

---

[1] 参见最高人民法院民事判决书,(2021)最高法民再181号。

某在担任董事的同时,先后兼任陕鼓汽轮机公司总装试车车间代主任、总装车间代主任、销售部部长等职务。陕鼓汽轮机公司《公司章程》第34条规定,公司高级管理人员(经营层)包括:总经理1人、副总经理若干人、总工程师1人、财务负责人1人。第36条规定,董事及公司经营层人员不得自营或者为他人经营与本公司同类的业务,或者从事损害本公司利益的活动。从事上述业务或者活动的,所有收入应当归公司所有。董事及公司经营层人员除公司章程规定或者股东会同意外,不得同本公司订立合同或者进行交易。董事及公司经营层人员执行公司职务时违反法律、行政法规或者公司章程的规定,给公司造成损害的,应当依法承担赔偿责任。

2009年5月12日,高某某、程某与他人共同出资成立杭州钱塘机电有限公司(以下简称钱塘公司),该公司于2016年11月18日注销。2010年至2015年5月,陕鼓汽轮机公司与钱塘公司共签订采购合同近2100份,总额约为2.5亿元。2015年6月30日,陕鼓汽轮机公司专项调查工作组作出了《陕鼓汽轮机向钱塘公司采购业务核查报告》,核查了公司关联方情况,记载"1.钱塘公司法人被陕鼓汽轮机聘任为技术顾问;2.陕鼓汽轮机个别股东又在钱塘公司担任股东。采购模式,据了解钱塘公司不具备协作和加工能力,实质上为贸易公司,陕鼓汽轮机转给钱塘公司所有采购件,钱塘公司全部转包外部协作单位完成"等内容。2017年

第五章　控股股东、实际控制人的义务与责任

4月5日,陕鼓汽轮机公司监事会作出了《西安陕鼓汽轮机有限公司部分高管进行关联交易损害公司利益的调查报告》,指出陕鼓汽轮机公司与钱塘公司的贸易往来中存在诸多问题,包括交易金额大、采购价格不公允等问题。

　　本案的争议焦点在于,陕鼓汽轮机公司与钱塘公司之间的采购行为是否属于关联交易;若属于关联交易,案涉关联交易是否损害了陕鼓汽轮机公司的利益。法院认为,高某某、程某在担任陕鼓汽轮机公司董事、高级管理人员的同时,又是钱塘公司合计持股60%的股东,高某某、程某与钱塘公司之间具有关联关系,钱塘公司与陕鼓汽轮机公司之间的交易属于关联交易。关于案涉关联交易是否损害陕鼓汽轮机公司利益的问题,最高人民法院从是否履行了披露义务、交易价格是否符合市场公允价格以及行为与损害结果之间的因果关系等角度进行了分析。第一,高某某、程某未履行陕鼓汽轮机公司《公司章程》规定的董事和高级管理人员的披露义务,构成对董事、高级管理人员忠诚义务的违反。第二,高某某、程某主导陕鼓汽轮机公司与钱塘公司签订若干采购合同,使陕鼓汽轮机公司需通过钱塘公司来采购本可以在市场上直接采购的产品,陕鼓汽轮机公司以高于市场价的采购价格采购产品增加了陕鼓汽轮机公司采购成本,并让钱塘公司享有增设环节的利益。第三,高某某、程某共同实施的关联交易行为,损害了

117

> 陕鼓汽轮机公司利益,高某某、程某的行为与陕鼓汽轮机公司损害结果之间存在因果关系。基于上述情况,最高人民法院判决高某某、程某向陕鼓汽轮机公司赔偿损失约706万元。

上述案例表明,《公司法》并不禁止关联交易,合法有效的关联交易是受法律保护的。控股股东、实际控制人等在实施关联交易时应重点关注是否满足合法、有效关联交易的实质要件,其中最重要的就是关联交易的公允和透明。判断关联交易对价是否公平公允,应当从合同约定、合同履行是否符合正常的商业交易原则以及交易价格是否合理等方面进行判断。即便关联交易价格公允,如若控股股东、实际控制人秘而不宣,也容易落人口实、埋下隐患。因此,控股股东、实际控制人等应将其所进行的关联交易情况向公司进行披露及报告,这既是对其忠诚义务和勤勉义务的积极履行,也是对其自身的保护。

第四节 事实董事制度

一、新《公司法》相关规定

第一百八十条 董事、监事、高级管理人员对公司负有忠实义务,应当采取措施避免自身利益与公司利益冲突,不得利用职权牟取不正当利益。

董事、监事、高级管理人员对公司负有勤勉义务,执行职务应当为公司的最大利益尽到管理者通常应有的合理注意。

公司的控股股东、实际控制人不担任公司董事但实际执行公司事务的,适用前两款规定。

二、规则解读

新《公司法》第180条第3款规定,控股股东、实际控制人行使董事职权时,应承担董事的忠实义务和勤勉义务。这也是《公司法》首次确立了忠实义务和勤勉义务的一般标准和具体规则,为司法裁判提供了更明确的依据。忠实义务的判断标准为董事、监事、高级管理人员应以公司利益为先,勤勉义务要求董事、监事、高级管理人员履职过程中必须以公司的最大利益为出发点并尽到合理的注意义务。

我国公司股权相对集中,大量公司的实际控制权掌握在控股股东、实际控制人手中,董事、监事、高级管理人员可能是控股股东和实际控制人的"提线木偶"。新《公司法》将不担任公司董事但实际执行公司事务的控股股东和实际控制人纳入忠实义务和勤勉义务的适用主体范畴,不仅有利于有效规制控股股东、实际控制人,而且有利于董事、监事、高级管理人权利与责任的匹配。

基于第180条规定,认定事实董事需满足三个条件:第一,是公司的控股股东或实际控制人。换言之,即便某一未担任董事职务的内部人执行了董事事务,但只要其不是控股股东或实际控制人,也无须承担董事的忠实义务和勤勉义务并担责。第二,未在公司担任董事职务。第三,实际执行了公司事务。关于"实际执行公司事务"的内涵,此处应理解为控股股东、实际控制人执行了董事职权,即行使了新《公司法》第67条规定的董事会职权。关于"实际执行公司事务"的认定有待未来司法实践进一步明确和类型化。此外,如若控股股东、实际控制人以公司董事名义公开行事,也可能被认定为事实董事。

三、案例：单某某等与叶某某等侵权责任纠纷案[1]

叶某某与单某某于1996年在我国香港特别行政区注册成立富亿船务有限公司(以下简称富亿公司)，两人分别持股50%。富亿公司董事会成员包括叶某某与单某某。1997年，富亿公司与日升大厦(香港)有限公司在香港注册成立鸿港(鲜果)贸易有限公司(以下简称鸿港公司)，富亿公司持有鸿港公司80%的股份。1998年4月，鸿港公司与南海市汇海发展公司、南海市里水商贸实业总公司合资成立南海里水鲜果食品批发市场有限公司(以下简称里水市场)，鸿港公司在里水市场的股份为90%。2002年6月，单某某、邱某某在叶某某并未授权的情况下，以1.264亿元的价格将富亿公司在鸿港公司的80%股份转让给万利投资有限公司(以下简称万利公司)。

本案的核心争议事实是，邱某某是否为富亿公司的事实董事，富亿公司出让持有的鸿港公司的股权给第三人是否经过有效的董事会决议。本案由广东省高级人民法院一审，后由最高人民法院作出(2017)最高法民终869号民事判决书终审，判决维持一审法院判决结果。关于邱某某是否为富亿公司事实董事的问题，

---

[1] 参见最高人民法院民事判决书，(2017)最高法民终869号。

一审法院认为,富亿公司的注册资料显示其董事为单某某和叶某某,单某某和邱某某提供的证据材料不足以证明邱某某是富亿公司的事实董事。首先,邱某某试图通过提交的里水市场1999年至2002年的董事会会议记录等证据证明邱某某行使了富亿公司董事的权利,但里水市场与富亿公司为独立的法人,邱某某参加里水市场董事会会议不能证明其担任富亿公司的董事。其次,2000年2月18日《富亿公司董事会、股东内部决议》上虽然有邱某某的签名,但该文件上另有陈某某、胡某某、单某某的签名,并未明确邱某某是以富亿公司董事的身份参加该次会议。最后,2001年1月1日富亿公司内部通知上,虽然邱某某和单某某、陈某某在"董事签名"处签名确认,但当事人并未主张陈某某为富亿公司董事,因此邱某某在该通知上签名,也不能证明其是以富亿公司董事的身份签名。其他相关证据也因缺乏原始证据佐证,未被法院采信。

但最高人民法院认为,富亿公司章程没有对事实董事是否享有表决权、事实董事是否应当与登记董事同等计算表决权,以及如何形成多数表决权等问题作出规定。相关备忘录中明确记载因缺乏胡某某授权需要再行商议股权转让协议,此表明即使邱某某是富亿公司的事实董事,富亿公司的董事也已对股权转让协议的授权达成一致协议,即富亿公司对外转让股权需要得到胡某某的书面同意而非事实董事与一名登记董事即形成董事会多数决。邱某某亦没有反诉请求确认其为富亿公司的股东或董事。因此,邱某某是否为富亿公司隐名股东以及事实董事并非本案争点及需要审理的问题。一审判决对于邱某某是否为富亿公司隐名股东以及事实董事问题进行实体认定是不正确的,应予以纠正。邱某某如认为其为富亿公司隐名股东或事实董事,应向富亿公司登记地——香港特别行政区的法院主张权利。

关于富亿公司出让持有的鸿港公司的股权给第三人的效力问题。最高人民法院认为,单某某代表富亿公司向万利公司转让所持有的鸿港公司80%的股权,未经富亿公司章程规定的董事会授权,不符合董事达成的合意,且叶某某或胡某某均拒绝予以追认,故单某某的行为不能代表富亿公司的真实意思表示,并构成越权代表的滥用董事代表权行为。

新《公司法》第180条第3款关于"实际执行公司事务"的认定有待进一步明确,单某某等与叶某某等侵权责任纠纷案的裁判思路和裁判规则为事实董事的认定提供了一定的参考。我国香港特别行政区公司法允许公司董事名册之外的人士向法院申请确认其事实董事的身份,香港特别行政区法律认定公司事实董事的标准包括:公开以公司董事名义行事,履行了只有公司董事才能履行的职责或者行使了只有公司董事才能行使的权力,事实上行使公司董事权力,和其他按照法律程序任命的董事同等地参与公司事务。此外，事实董事是否享有表决权，事实董事是否应当与登记董事同等计算表决权以及如何形成多数表决权等问题，还取决于公司章程规定。

第五节 影子董事制度

一、新《公司法》相关规定

第一百九十二条 公司的控股股东、实际控制人指示董事、高级管理人员从事损害公司或者股东利益的行为的,与该董事、高级管理人员承担连带责任。

二、规则解读

事实董事制度规制的是不担任董事的控股股东、实际控制人实际执行董事事务的行为,而影子董事制度则是从控股股东、实际控制人对公司施加影响力行为的角度进行规制,二者共同构建起控股股东、实际控制人相对完备的义务与责任规范体系。

影子董事制度也是新《公司法》新增的规定,回应了实践中只能追究董事、监事、高级管理人员责任而无法直接向实际作出决策的控股股东、实际控制人追责的问题,填补了立法与实践的缺口。新《公司法》第192条规定即便控股股东、实际控制人未直接实施损害公司或股东利益的行为,但其通过在公司中的影响力指示董事、高级管理人员从事上述行为,公司和其他股东也可以追究其承担连带责任。该条规定的实质是共同侵权,控股股东、实际控制人承担连带责任的前提是实施了侵权行为,要有"指示"的行为,但证明责任仍在原告方,即主张控股股东、实际控制人承担连带责任的主体应证明董事和高级管理人员的行为受到了控股股东、实际控制人的指示。

在最终的责任承担上,无论是董事、高级管理人员还是控股股东、实际控制人,都可基于过错程度及损害原因力来对内部责任划分比例提出主张,以争取自身合法利益。

三、案例:康美药业证券虚假陈述责任纠纷案[1]

> 康美药业证券虚假陈述是我国证券市场史无前例的最大规模财务造假,造假数额之大、手段之恶震惊全国。证监会立案调查显示:康美药业2016年年报虚增货币资金225.8亿元;2017年年报虚增货币资金299.4亿元;2018年半年报虚增货币资金361.9

---

[1] 参见广东省广州市中级人民法院民事判决书,(2020)粤01民初2171号。

亿元。邱某某作为康美药业董事、副总经理、董事会秘书,根据康美药业实际控制人马某某的授意安排,组织相关人员将上市公司资金转移给控股股东及关联方,组织策划公司相关人员实施财务造假行为。温某某协助董事会秘书及财务负责人庄某某分管财务工作,根据马某某及邱某某的授意安排,组织相关人员将上市公司资金转移给控股股东及关联方,组织协调公司相关人员实施财务造假及信息披露违法行为。此外,康美药业的财务部其他负责人员中也存在按照实际控制人马某某的指使参与了财务造假工作的情形。

本案中,康美药业的董事、高级管理人员均是根据实际控制人的授意从事财务造假行为,康美药业的实际控制人因"组织、指使"相关人员财务造假而承担连带赔偿责任。康美药业案中的"组织""指使"包含在新《公司法》第192条规定的"指示"范畴之中。虽然"指示"的具体方式有待进一步明确,但也为律师实践中主张和抗辩预留了很大的空间。

第六章

股东权益保护

本章将主要介绍新《公司法》在股东权益保护方面的相关修订,包括引入股东双重代表制度、扩大股东知情权范围,并对有限责任公司与股份有限公司异议股东股权(股份)回购权分别作了规定。

第一节 股东双重代表诉讼制度

一、新《公司法》相关规定

第一百八十八条 董事、监事、高级管理人员执行职务违反法律、行政法规或者公司章程的规定,给公司造成损失的,应当承担赔偿责任。

第一百八十九条 董事、高级管理人员有前条规定的情形的,有限责任公司的股东、股份有限公司连续一百八十日以上单独或者合计持有公司百分之一以上股份的股东,可以书面请求监事会向人民法院提起诉讼;监事有前条规定的情形的,前述股东可以书面请求董事会向人民法院提起诉讼。

监事会或者董事会收到前款规定的股东书面请求后拒绝提起诉讼,或者自收到请求之日起三十日内未提起诉讼,或者情况紧急、不立即提起诉讼将会使公司利益受到难以弥补的损害的,前款规定的股东有权为公司利益以自己的名义直接向人民法院提起诉讼。

他人侵犯公司合法权益,给公司造成损失的,本条第一款规定的股东可以依照前两款的规定向人民法院提起诉讼。

公司全资子公司的董事、监事、高级管理人员有前条规定情形,或者他人侵犯公司全资子公司合法权益造成损失的,有限责任公司的股东、股份有限公司连续一百八十日以上单独或者合计持有公司百分之一以上股份的股东,可以依照前三款规定书面请求全资子公司的监事会、董事会向人民法院提起诉讼或者以自己的名义直接向人民法院提起诉讼。

二、规则解读

(一)股东代表诉讼的含义

股东代表诉讼,又称派生诉讼,是指当公司董事、监事、高级管理人员等主体侵害了公司权益,而公司怠于追究其责任时,符合法定条件的股东以自己的名义代表公司提起的诉讼。

单层股东代表诉讼,一般只赋予符合条件的直接股东以自己的名义代表公司提起诉讼的权利,在单层股东代表诉讼的模式下,公司的间接股东被排除在代表公司提起诉讼的范围之外。而在双重股东代表诉讼中,间接股东,也就是母公司的股东也被赋予在特定的条件下对侵害子公司的主体提起诉讼的权利。[1]

(二)我国股东代表诉讼的发展

我国在 2005 年修订《公司法》时采用单层股东代表诉讼制度,该次修订时,曾就是否采用双重股东代表诉讼产生争议,但最终正式修订通过的《公司法》仅采用单层股东代表诉讼。[2]

此后,在司法实践中出现了少量双重股东代表诉讼的案例,法院出现了支持和不支持两种态度,但由于无明确的法律依据,不予支持的案例相对居多。[3] 以下仅列举两项代表性案例。

1. 广东南博教育投资有限公司、LEI Lie Ying Limited 损害公司利益责任纠纷案[4]

在广东南博教育投资有限公司、LEI Lie Ying Limited 损害公司利益责任纠纷案中,法院未支持双重股东代表诉讼。

广东南博教育投资有限公司(以下简称广东南博)、LEI Lie

---

[1] 参见赵旭东主编:《新公司法重点热点问题解读:新旧公司法比较分析》,法律出版社 2024 年版,第 228 页。
[2] 参见李建伟:《股东双重派生诉讼制度为何重要——由 10 份典型裁判说开去》,载《上海政法学院学报(法治论丛)》2022 年第 3 期。
[3] 参见李建伟:《股东双重派生诉讼制度为何重要——由 10 份典型裁判说开去》,载《上海政法学院学报(法治论丛)》2022 年第 3 期。
[4] 参见最高人民法院民事裁定书,(2019)最高法民终 521 号。

Ying Limited系湖南猎鹰实业有限公司(以下简称猎鹰实业)的股东,猎鹰实业是湖南涉外经济学院(以下简称涉外经济学院)的举办者。广东南博向一审法院起诉,请求判令LEI Lie Ying Limited、劳瑞德公司就共同侵犯涉外经济学院利益的损失进行赔偿。一审法院以"涉外经济学院是民办非企业单位,举办者系猎鹰实业公司,广东南博公司系猎鹰实业公司的股东,而非涉外经济学院的股东,广东南博公司无权依据上述规定代表涉外经济学院提出股东代表诉讼,其与本案没有直接利害关系,其提起本案诉讼,应认定其诉讼主体不适格"为由驳回了广东南博的起诉。

广东南博向最高人民法院提起上诉,认为:"广东南博公司诉讼主体适格。公司控股股东不仅能够控制公司本身,还无疑能够控制公司的独资子公司,公司控股股东侵害独资子公司的利益时,如果不将《中华人民共和国公司法》第一百五十一条中的公司理解为包括公司及其全资子公司在内,则无法通过诉讼对子公司利益进行救济。《最高人民法院关于适用〈中华人民共和国公司法〉若干问题的规定(四)》的草案中,曾有公司股东可代表公司所设全资子公司提起诉讼的相关规定,在司法实践中也得到支持。公司股东提起股东代表之诉,一般需要经过前置程序,但在情况紧急、不立即提起诉讼将会使公司利益受到难以弥补的损害时,股东可以不经上述前置程序直接提起股东代表之诉。如果广东南博公司对于 LEI Lie Ying Limited 作为控股股东的行为没有诉讼资格,其小股东的权益无法保障,且若没有途径进行救济,相当于是对 LEI Lie Ying Limited 的违法行为予以放纵。"

最高人民法院最终维持了一审的裁定,驳回上诉。最高人民法院认为:"首先,根据《中华人民共和国民事诉讼法》第一百一十九条的规定,原告必须是与本案有直接利害关系的公民、法人和其他组织。本案中,涉外经济学院由猎鹰实业公司全资举办,广东南博公司作为猎鹰实业公司的股东,虽然涉外经济学院的利益受损可能间接影响其利益,但并不构成法律上的直接利害关系。其次,根据《中华人民共和国公司法》第一百五十一条的规定,提起股东代表诉讼的适格主体应为公司股东。涉外经济学院系民办非企业单位,如参照适用《中华人民共和国公司法》及相关司法解释的规定,以涉外经济学院利益受损为由提起股东代表诉讼的适格主体应为其举办者,即猎鹰实业公司。而本案中,广东南博公司与 LEI Lie Ying Limited 均为猎鹰实业公司的股东,而非涉外经济学院的举办者,故广东南博公司无权依据《中华人民共和国公司法》第一百五十一条的规定代表涉外经济学院提起股东代表诉讼。因此,一审法院以广东南博公司作为本案原告的主体身份不适格为由,裁定驳回其起诉,并无不当。如广东南博公司认为猎鹰实业公司作为涉外经济学院的举办者,对于其股东 LEI Lie

Ying Limited的相关行为导致猎鹰实业公司遭受损失,进而致使广东南博公司遭受损失,未采取措施而存在过错,可以猎鹰实业公司股东的身份,依照《中华人民共和国公司法》等法律法规及相关司法解释的有关规定,依法向猎鹰实业公司主张权利。"

2.江苏开元众鑫玩具有限公司与杨某某损害公司利益责任纠纷案[1]

在江苏开元众鑫玩具有限公司与杨某某损害公司利益责任纠纷案中,法院支持了双重股东代表诉讼。

江苏天爱集团有限公司(以下简称天爱公司)股东为杨某某、江苏开元众鑫玩具有限公司(以下简称众鑫公司),其中杨某某出资1000万元(持有40%股权)、众鑫公司出资2500万元(持有60%股权),句容市天骄工艺品有限公司(以下简称天骄公司)为天爱公司独资设立的子公司。杨某某因众鑫公司侵害天骄公司利益提起诉讼,请求判令众鑫公司向天骄公司返还货款。本案的争议焦点之一,是杨某某提起本案诉讼是否符合法律规定。

---

[1] 参见江苏省镇江市中级人民法院民事判决书,(2018)苏11民终35号。

一审法院江苏省句容市人民法院认为，本案系一起股东代表诉讼案件，根据我国2018年《公司法》第151条对股东代表诉讼的规定，股东代表公司提起诉讼应当具备两个前提条件：一是公司合法权益受到侵害，二是公司本身怠于行使诉权。本案中，天爱公司将其全资子公司发包给众鑫公司承包经营，根据承包经营合同附件五协议约定，天骄公司承包前的债权债务由发包方天爱公司管理，近期债权大于近期债务部分由众鑫公司解交天爱公司管理。众鑫公司承包后，实际接管并控制天骄公司财务，在属于天骄公司承包前应收货款到账后，未能按约将扣除应付支出后的剩余部分足额解交到天爱公司管理，众鑫公司该行为直接侵害了天骄公司利益，同时侵害了天骄公司唯一股东即天爱公司利益。而众鑫公司作为天爱公司占股60%的大股东地位，导致天骄公司及天爱公司无法向众鑫公司提起诉讼，现杨某某作为天爱公司另一股东，已分别就众鑫公司违约行为书面请求天爱公司董事会及公司监事提起诉讼，已履行了《公司法》规定的前置程序。在天爱公司董事会及公司监事在法定期间内均未起诉的情况下，杨某某以天爱公司股东身份提起本案诉讼，符合法律规定。

二审法院江苏省镇江市中级人民法院认为，根据法律规定，董事会（执行董事）、监事会（监事）是法定的公司机关，依法代表公司行使权力，有权代表公司提起诉讼。当公司合法权益受到侵害

> 时,股东应当依法先向上述有关公司机关提出请求,请有关公司机关向人民法院提起诉讼。如果有关公司机关拒绝履行职责或者怠于履行职责,则股东为维护公司利益可以向人民法院提起代表诉讼。本案中,天骄公司系天爱公司的全资子公司,天骄公司利益受损则必然导致天爱公司利益受损,而众鑫公司系天爱公司的大股东,故天骄公司与天爱公司无法向众鑫公司提起诉讼。在此情况下,杨某某作为天爱公司占股40%的股东,在履行了2018年《公司法》第151条规定的前置程序的情况下,有权以天爱公司股东的身份向众鑫公司提起诉讼。

《最高人民法院关于适用〈中华人民共和国公司法〉若干问题的规定(四)》关于采用双重股东代表诉讼的探讨。2016年4月公布的《最高人民法院关于适用〈中华人民共和国公司法〉若干问题的规定(四)(征求意见稿)》第31条规定:"公司法第一百五十一条第一款、第二款所称的'董事、高级管理人员'、'监事会'、'监事'包括全资子公司的董事、高级管理人员、监事会、监事。公司法第一百五十一条第三款所称的'他人',是指除公司或者全资子公司的董事、监事、高级管理人员以外的其他人。"第35条第2款规定:"股东因公司的全资子公司利益受到损害,依据公司法第一百五十一条提起诉讼,请求被告向全资子公司承担民事责任的,应予支持;请求被告向公司承担民事责任的,不予支持。"该等内容说明《最高人民法院关于适用〈中华人民共和国公司法〉若干问题的规定(四)(征求意见稿)》对损害全资子公司利益的行为人提起股东代表诉讼持肯定态度,但最终发布的司法解释未保留该等规定。

经过立法和实践的多年探索,2023年12月29日,修订后的《公司法》公布,最终引入了双重股东代表诉讼。

(三)双重股东代表诉讼原告、被告适格条件

1. 原告适格条件

第一,已经穷尽内部救济程序。提起代表诉讼的股东需要先穷尽内部救济,向子公司的董事会、监事会书面请求其向人民法院提起诉讼,只有在履行了内部救济程序但子公司的合法权益仍未得到维护的情况下,才可以按照规定直接提起诉讼。

第二,持股数量需满足要求。新《公司法》第189条规定,可以提起股东代表诉讼的股东应为有限责任公司的股东或者股份有限公司连续180日以上单独或者合计持有公司1%以上股份的股东。在双重股东代表诉讼中,根据通说观点,一般以母公司类型来确定提起诉讼的股东是否需要满足持股母公司的数量,从而判断是否具备提起诉讼的资格,具体情况见表6-1。

表6-1 双重股东代表诉讼原告持股要求

子公司类型	母公司类型	原告股东持股要求
有限责任公司	股份有限公司	连续180日以上单独或者合计持有母公司1%以上股份
	有限责任公司	持有母公司股权
股份有限公司	股份有限公司	连续180日以上单独或者合计持有母公司1%以上股份
	有限责任公司	持有母公司股权

第三,子公司必须是全资子公司。根据新《公司法》第189条的规定,母子公司必须是全资母子公司关系。

2.被告适格条件

根据新《公司法》第189条的规定,股东不仅可以就董事、监事、高级管理人员损害公司利益的行为进行起诉,也可以就他人侵犯公司合法利益的行为进行起诉。

(四)双重股东代表诉讼的意义

随着经济的发展,公司集团不断发展壮大,实践中公司的架构越发复杂,在多重持股的情况下,股东权益的保护也更加复杂。在司法实践中,提起双重股东代表诉讼的案例逐渐增多,双重股东代表诉讼制度的引入回应了实践中的需求,也有利于后续股东权利的保护更加全面。[1]

---

[1] 参见李建伟:《股东双重派生诉讼的制度构成与规范表达》,载《社会科学研究》2023年第2期。

第二节 股东查阅会计凭证的权利

一、新《公司法》相关规定

第五十七条 股东有权查阅、复制公司章程、股东名册、股东会会议记录、董事会会议决议、监事会会议决议和财务会计报告。

股东可以要求查阅公司会计账簿、会计凭证。股东要求查阅公司会计账簿、会计凭证的,应当向公司提出书面请求,说明目的。公司有合理根据认为股东查阅会计账簿、会计凭证有不正当目的,可能损害公司合法利益的,可以拒绝提供查阅,并应当自股东提出书面请求之日起十五日内书面答复股东并说明理由。公司拒绝提供查阅的,股东可以向人民法院提起诉讼。

股东查阅前款规定的材料,可以委托会计师事务所、律师事务所等中介机构进行。

股东及其委托的会计师事务所、律师事务所等中介机构查阅、复制有关材料,应当遵守有关保护国家秘密、商业秘密、个人隐私、个人信息等法律、行政法规的规定。

股东要求查阅、复制公司全资子公司相关材料的,适用前四款的规定。

第一百一十条 股东有权查阅、复制公司章程、股东名册、股东会会议记录、董事会会议决议、监事会会议决议、财务会计报告,对公司的经营提出建议或者质询。

连续一百八十日以上单独或者合计持有公司百分之三以上股份的股东要求查阅公司的会计账簿、会计凭证的,适用本法第五十七条第二款、第三款、第四款的规定。公司章程对持股比例有较低规定的,从其规定。

股东要求查阅、复制公司全资子公司相关材料的,适用前两款的规定。

上市公司股东查阅、复制相关材料的,应当遵守《中华人民共和国证券法》等法律、行政法规的规定。

二、规则解读

(一)司法实践对于股东查阅会计凭证的探索

在规范层面,2016年4月公布的《最高人民法院关于适用〈中华人民共和国公司法〉若干问题的规定(四)(征求意见稿)》曾将会计凭证纳入股东可以查阅的对象,其第16条规定:"有限责任公司的股东起诉请求查阅公司会计账簿及与会计账簿记载内容有关的记账凭证或者原始凭证等材料的,应当依法受理。公司提供证据证明股东查阅记账凭证或者原始凭证等有不正当目的,可能损害公司合法利益的,应当驳回诉讼请求。"但最终公布的正式稿未将会计凭证纳入可以查阅的范围。司法实践中,法院对于股东查阅会计凭证出现了支持和不支持两种态度。

1. 李某某、吴某、孙某、王某某诉江苏佳德置业发展有限公司股东知情权纠纷案[1]

在李某某、吴某、孙某、王某某诉江苏佳德置业发展有限公司股东知情权纠纷案中,法院支持股东查阅公司会计凭证。

本案中,原告李某某、吴某、孙某、王某某为江苏佳德置业发展有限公司(以下简称佳德公司)股东,因佳德公司在经营形势大好的情况下却拖欠大量债务,4人作为股东对佳德公司情况无法知悉,故依法要求行使股东知情权,了解公司的实际情况,但佳德公司对此非法阻挠,严重侵犯了4人作为股东的合法权益。4人请求判令其对佳德公司依法行使知情权,查阅、复制佳德公司的会计账簿、议事录、契约书、通信、纳税申报书等(含会计原始凭证、

---

[1] 参见李某某、吴某、孙某、王某某诉江苏佳德置业发展有限公司股东知情权纠纷案,载《最高人民法院公报》2011年第8期。

传票、电传、书信、电话记录、电文等)所有公司资料。

本案的争议焦点之一,是原告主张行使知情权的范围是否符合法律规定。江苏省宿迁市中级人民法院认为,"股东知情权是股东享有对公司经营管理等重要情况或信息真实了解和掌握的权利,是股东依法行使资产收益、参与重大决策和选择管理者等权利的基础性权利。从立法价值取向上看,其关键在于保护中小股东合法权益……账簿查阅权是股东知情权的重要内容。股东对公司经营状况的知悉,最重要的内容之一就是通过查阅公司账簿了解公司财务状况。《中华人民共和国会计法》第九条规定:'各单位必须根据实际发生的经济业务事项进行会计核算,填制会计凭证,登记会计账簿,编制财务会计报告。'第十四条规定:'会计凭证包括原始凭证和记账凭证。办理本法第十条所列的经济业务事项,必须填制或者取得原始凭证并及时送交会计机构……记账凭证应当根据经过审核的原始凭证及有关资料编制。'第十五条第一款规定:'会计账簿登记,必须以经过审核的会计凭证为依据,并符合有关法律、行政法规和国家统一的会计制度的规定。'因此,公司的具体经营活动只有通过查阅原始凭证才能知晓,不查阅原始凭证,中小股东可能无法准确了解公司真正的经营状况。根据会计准则,相关契约等有关资料也是编制记账凭证的依据,应当作为原始凭证的附件入账备查。据此,四上诉人查阅权行使的范围应当包括会计账簿(含总账、明细账、日记账和其他辅助性账簿)和会计凭证(含记账凭证、相关原始凭证及作为原始凭证附件入账备查的有关资料)"。

2. 富巴投资有限公司、海融博信国际融资租赁有限公司股东知情权纠纷案[1]

在富巴投资有限公司、海融博信国际融资租赁有限公司股东知情权纠纷案中,法院未支持股东查阅会计凭证的权利。

本案中,富巴投资有限公司(以下简称富巴公司)是海融博信国际融资租赁有限公司(以下简称海融博信公司)的股东,2018年3月27日,富巴公司向海融博信公司发出律师函,要求行使其股东知情权,请求查阅、复制公司章程、股东会会议记录、会计账簿(含总账、明细账、日记账、其他辅助性账簿)和会计凭证(含记账凭证、相关原始凭证及作为原始凭证附件入账备查的合同等有关资料)。海融博信公司于2018年3月28日收到该律师函后,未进行答复。富巴公司起诉海融博信公司,请求判令海融博信公司

---

[1] 参见最高人民法院民事裁定书,(2019)最高法民申6815号。

将其成立以来的公司会计账簿(含总账、明细账、日记账、其他辅助性账簿)和会计凭证(含记账凭证、相关原始凭证及作为原始凭证附件入账备查的有关资料)的原件完整备置于其住所地以供富巴公司查阅等。

本案的争议焦点是,富巴公司是否有权查阅海融博信公司的原始会计凭证。最高人民法院认为:"查阅、复制公司章程、股东会会议记录、董事会会议决议、监事会会议决议和财务会计报告是股东的权利,股东查阅公司会计账簿应以没有不正当目的、并不会损害公司合法利益为前提。富巴公司系海融博信公司的股东,股东对于公司的运营状况享有知情权,有权查阅公司的相关资料。《中华人民共和国会计法》第十三条第一款规定:'会计凭证、会计账簿、财务会计报告和其他会计资料,必须符合国家统一的会计制度的规定。'第十四条第一款规定:'会计凭证包括原始凭证和记账凭证。'根据前述法律规定,会计账簿不包括原始凭证和记账凭证。股东知情权和公司利益的保护需要平衡,故不应当随意超越法律的规定扩张解释股东知情权的范畴。《中华人民共和国公司法》仅将股东可查阅财会资料的范围限定为财务会计报告与会计账簿,没有涉及原始凭证……"

(二)上市公司股东知情权与信息披露

新《公司法》扩大了股东知情权的范围,但同时对上市公司股东知情权的行使作了特别规定,即"上市公司股东查阅、复制相关材料的,应当遵守《中华人民共和国证券法》等法律、行政法规的规定"。

《证券法》第82条第3款规定:"发行人的董事、监事和高级管理人员应当保证发行人及时、公平地披露信息,所披露的信息真实、准确、完整。"第83条第1款规定:"信息披露义务人披露的信息应当同时向所有投资者披露,不得提前向任何单位和个人泄露。但是,法律、行政法规另有规定的除外。"

根据《证券法》第80条、第81条的规定,上市公司应当披露的信息包括"可能对上市公司、股票在国务院批准的其他全国性证券交易场所交易的公司的股票交易价格产生较大影响的重大事件",该等信息并不包括会计账簿和会计凭证。

在《公司法》修订之前,司法实践中曾存在针对"新三板"挂牌公司的股东知情权纠纷。在张某某与安徽天智信息科技集团股份有限公司股东知情权纠纷案中,张某某作为挂牌公司安徽天智信息科技集团股份有限公司(以下简称安徽天智公司)的股东,要求查阅、复制安徽天智公司2015年4月至2018年6月的财务会计报告(包括资产负债表、损益表、现金流量表、财务状况变动表、财务状况说明书和利润分配表)、股东大会会议记录、董事会会议决议、监事会会议决议,以及查阅自2015年4月起至2018年6月止的会计账簿,安徽天智公司以作为挂牌公司已将2015~2017年财务报表及股东会议决议在相关网站公示为由请求驳回张某某的诉讼请求。法院判决认为，"公司信息披露制度与股东有权查阅的公司材料在范围和形式上有所不同，因此，上市公司依据《证券法》等承担的信息披露义务不能排除股东依据《公司法》规定行使查阅权"[1]。

新《公司法》赋予符合条件的股东查阅公司会计账簿和会计凭证的权利，是对上市公司公平向所有投资者披露信息的规定的突破。但上市公司作为公众公司涉及投资者众多，具有其特殊性，如像普通公司一样接受投资者查阅公司的会计凭证及会计账簿的要求，可能会违反对其他投资者信息披露公平的原则，股东查阅上市公司的会计凭证及会计账簿的相关细化规定，在实践中还需进一步探索。

新《公司法》生效后，对于上市公司，可以从以下角度考虑是否接受股东查阅会计凭证的需求：第一，请求查阅的股东是否满足"连续一百八十日以上单独或者合计持有公司百分之三以上股份的股东"的适格条件，历史上是否因查阅公司信息而损害过公司利益，是否自营或为他人经营与公司主营业务有实质性竞争关系的业务；第二，股东要求查阅会计凭证是否有合理理由和正当目的，要求查阅的会计凭证范围是否具体明确、是否与其查阅事项直接相关；第三，查阅内容是否可能导致公司的内幕信息泄露、是否可能导致公司违反信息披露公平的原则，如在公司定期报告、重大资产重组等公告前，要求

---

[1] 参见安徽省合肥高新技术产业开发区人民法院民事判决书，(2018)皖0191民初4445号。

查阅尚未公开披露的信息所涉及的会计凭证;第四,查阅内容是否可能导致公司的商业秘密泄露,对于可能导致商业秘密泄露的内容,可以视股东的身份及商业秘密的重要程度决定是否允许查阅,如允许查阅,可以要求股东出具对信息进行保密的承诺函或者与公司签署保密协议;第五,查阅内容是否存在其他可能导致公司合法利益受损的情形。

第三节 股东回购救济制度

一、新《公司法》相关规定

第八十九条 有下列情形之一的,对股东会该项决议投反对票的股东可以请求公司按照合理的价格收购其股权:

(一)公司连续五年不向股东分配利润,而公司该五年连续盈利,并且符合本法规定的分配利润条件;

(二)公司合并、分立、转让主要财产;

(三)公司章程规定的营业期限届满或者章程规定的其他解散事由出现,股东会通过决议修改章程使公司存续。

自股东会决议作出之日起六十日内,股东与公司不能达成股权收购协议的,股东可以自股东会决议作出之日起九十日内向人民法院提起诉讼。

公司的控股股东滥用股东权利,严重损害公司或者其他股东利益的,其他股东有权请求公司按照合理的价格收购其股权。

公司因本条第一款、第三款规定的情形收购的本公司股权,应当在六个月内依法转让或者注销。

第一百六十一条 有下列情形之一的,对股东会该项决议投反对票的股东可以请求公司按照合理的价格收购其股份,公开发行股份的公司除外:

(一)公司连续五年不向股东分配利润,而公司该五年连续盈利,并且符合本法规定的分配利润条件;

(二)公司转让主要财产;

(三)公司章程规定的营业期限届满或者章程规定的其他解散事由出现,股东会通过决议修改章程使公司存续。

自股东会决议作出之日起六十日内,股东与公司不能达成股份收购协议的,股东可以自股东会决议作出之日起九十日内向人民法院提起诉讼。

公司因本条第一款规定的情形收购的本公司股份,应当在六个月内依法转让或者注销。

二、规则解读

(一)有限责任公司股东压迫情形下的回购救济制度

新《公司法》第 89 条第 3 款系本次修订中新增加的条款,该条规定:"公司的控股股东滥用股东权利,严重损害公司或者其他股东利益的,其他股东有权请求公司按照合理的价格收购其股权。"

股东之间的冲突是公司治理中常见的问题,其中最为典型的冲突可以分为势均力敌股东间的股东僵局以及力量失衡股东间的股东压迫。[1] 根据《公司法》或相关公司章程的规定,当某一股东持有公司股东会半数以上表决权时,其可以单方面决定公司生产经营过程中的重大事项,并通过决定公司董事会、经营管理层的人员构成,影响或控制公司各个方面的生产经营活动。

控股股东可能基于自身利益,滥用该等控制权,损害公司或者股东利益。在该等情况下,公司股东间的合作关系和信任状态将受到破坏,有限责任公司的人合属性也会因此受到威胁,法律应当允许利益受到损害的非控股股东要求公司以合理的价格收购其股权,以退出公司。该等救济措施在英美等国家公司法中也较为常见。

对于中国的有限责任公司而言,由于一股独大情况普遍存在,在缺乏其他权力制衡机制的情况下,控股股东与非控股股东之间的冲突和矛盾不时发生。在2018年《公司法》对股东压制的救济体系下,中小股东仅可对控股股东滥用权利产生的损害请求赔偿救济,不能真正摆脱股东压迫,退出公司。该款填补了这一救济空缺,[2] 并且对控股股东滥用其股东权利形成威慑,可以更好地保护非控股股东

---

[1] 参见赵旭东:《公司治理中的控股股东及其法律规制》,载《法学研究》2020年第4期。

[2] 参见赵旭东主编:《新公司法条文释解》,法律出版社2024年版,第210页。

的合法利益。

非控股股东基于第 89 条第 3 款规定退出公司需满足四方面条件：

第一，公司存在控股股东。根据新《公司法》第 265 条的规定，控股股东"是指其出资额占有限责任公司资本总额超过百分之五十或者其持有的股份占股份有限公司股本总额超过百分之五十的股东；出资额或者持有股份的比例虽然低于百分之五十，但依其出资额或者持有的股份所享有的表决权已足以对股东会的决议产生重大影响的股东"。仅当公司存在控股股东的情况下，其他股东可以根据该条规定要求退出公司。在公司不存在控股股东，各股东间势均力敌的情况下，即使有股东行为损害公司或其他股东利益，其他股东也不能因此要求退出公司。

第二，控股股东滥用权利。在公司存在控股股东的情况下，若控股股东合理行使其股东权利，即使其作出错误商业判断等，导致公司或其他股东利益受到严重损害，其他股东也不能因此要求退出公司。

第三，公司或其他股东利益受到严重损害。控股股东滥用股东权利的行为需造成公司或其他股东利益受到严重损害的后果，例如，控股股东长期不分配利润、滥用公司财产、为控股股东或其指定人员发放畸高的福利待遇、违反股东协议剥夺小股东参与公司治理的权利、不如实向其他股东提供公司财务数据等。

第四，请求公司按照合理的价格收购股权。新《公司法》仅规定被压迫股东可以要求公司回购其股权。股东请求公司回购股份的，公司应当同意，但其股权回购价格应当合理。该等合理价格可以由双方根据评估价格、审计结果或市场公允价格协商确定。在当事人无法协商确定回购价格时，我国法院对异议股东请求公司回购股权时合理价格的确定，主要基于评估报告和审计报告两大标准。其中，评估报告系针对股权经济价值的评估，审计报告则是对公司财务报告的审计，体现公司的账面价值、会计价值。[1]

(二) 股份有限公司异议股东回购请求权

新《公司法》第161条也为2023年修订的新增条款，通过增加该条规定，新《公司法》对有限责任公司与股份有限公司异议股东股权（股份）回购事项作出了不同规定。与有限责任公司相比，股份有限公司的异议股东回购请求权的触发条件不包括"公司合并、分立"及股东压迫情形，并将"公开发行股份的公司"排除在外。

对于非公开发行股份的股份有限公司而言，很多公司的股权结构、公司治理状况与有限责任公司没有实质区别，也有可能存在被控股股东压迫且无法通过有效渠道退出公司、保护自身合法利益的情况，新《公司法》第161条规定了该等公司股东回购请求权，增加了该等股东在一定情形下保护自身权利的手段。

---

〔1〕参见赵旭东主编：《新公司法重点热点问题解读：新旧公司法比较分析》，法律出版社2024年版，第223页。

但与有限责任公司相比,新《公司法》并未对股份有限公司的中小股东设置控股股东压迫情形下可退出公司的一般救济条款,这是考虑到对于有限责任公司而言,其在人合性特征下,一方面,大股东往往积极参与公司管理和经营;另一方面,股东自由流动存在法律限制,使小股东更容易受到大股东压迫。[1] 而股份公司股东的自由转让不存在法律限制,其可以通过股份转让的方式来退出公司,摆脱压迫。[2] 但在实践中,对于非公开发行股份的股份有限公司而言,中小股东所持公司股份实际的流动性仍然有限,在无法通过转让股份退出公司的情况下,中小股东在投资或参与设立公司前,需对公司设立的形式和相关股东保护机制安排进行谨慎判断,避免因此限制自身权利保护手段。

根据第161条的规定,仅在以下三种情形中,股东在股东会上投票反对、股东会仍然就该等事项作出决议,投反对票的股东才可以请求公司按照合理的价格收购其股份:第一,公司连续5年不向股东分配利润,而公司该5年连续盈利,并且符合《公司法》规定的分配利润条件。当公司满足利润分配条件时,股东享有获得投资收益的权利,而公司连续5年不向股东分配利润的情况,阻碍了股东取得合理的预期资本回报。第二,公司转让主要财产。公司的生产经营通常有

---

[1] 参见彭冰:《理解有限公司中的股东压迫问题——最高人民法院指导案例10号评析》,载《北大法律评论》2014年第1期。

[2] 参见赵旭东主编:《新公司法条文释解》,法律出版社2024年版,第348页。

赖于其持有的主要财产。公司转让主要财产可能导致其生产经营存在重大风险,从而导致股东的合理利益受到损害。第三,公司章程规定的营业期限届满或者章程规定的其他解散事由出现,股东会通过决议修改章程使公司存续。章程规定的营业期限届满或章程规定的其他解散事由系公司股东设立或加入公司时,合理预期的其可以退出公司的情形。当该等情形出现时,若经股东会决议后公司因修改章程而存续,则异议股东及时退出公司的预期落空,其资本收益无法及时实现,且可能面临未来经营风险。

  当上述情况出现时,如果股东与公司不能在股东会决议作出之日起60日内,就股份收购事项达成一致,在前述股东会决议作出之日起90日内,异议股东可向法院寻求救济。此外,为防止公司长时间持有自己的股份,第161条第3款进一步规定股份有限公司回购异议股东股份后,应在6个月内完成转让或注销程序。

第七章

新《公司法》对上市公司并购重组交易活动的影响

本章将围绕上市公司并购重组,结合新《公司法》新增及修改条文,对股份有限公司资本制度、公司治理、交易活动等方面进行重点解读,剖析其制度价值并对实践操作提出建议。此外,本章还分析了新《公司法》出台后对上市公司并购重组交易可能产生的若干影响。

第一节　资本制度

一、授权资本制的采用

(一)新《公司法》相关规定

第一百五十二条　公司章程或者股东会可以授权董事会在三年内决定发行不超过已发行股份百分之五十的股份。但以非货币财产作价出资的应当经股东会决议。

董事会依照前款规定决定发行股份导致公司注册资本、已发行股份数发生变化的,对公司章程该项记载事项的修改不需再由股东会表决。

第一百五十三条　公司章程或者股东会授权董事会决定发行新股的,董事会决议应当经全体董事三分之二以上通过。

(二)规则解读

上述规则的本质是以任意性规范模式为股份公司引入了授权资

本制，股份公司可以在公司章程中或通过股东会决议，自由选择适用法定资本制或授权资本制。

法定资本制与授权资本制的内涵及特征存在诸多差异。法定资本制要求公司设立时必须在章程中确定股份总数，由所有股东足额认缴或募足后才能成立公司；授权资本制要求公司在设立时必须在章程中确定股份总数，但公司不必一次性认缴或发行完毕，只需股东认缴或实缴其中一部分即可成立，剩余部分由股东会决议或章程授权董事会在必要时自主决定发行或募集。因此，对于法定资本制而言，股份需一次性发行，此后的增资须经股东会作出决议，董事会无权自行决定；授权资本制则允许董事会在经营过程中有自主决定发行新股或增加出资比例的权利。[1]

关于授权资本制，需注意把握以下五个方面：第一，实施主体，主要适用于股份有限公司，有限责任公司仍继续适用法定资本制。第二，授权方式，股份有限公司实行授权资本制需经公司章程或股东会授权。第三，程序性限制，包括时间、比例和决策的限制，具体表现为：董事会决定发行股份的最长期限为 3 年；授权董事会决定发行股份的最高比例不得超过已发行股份总数的 50%；董事会决定发行股份的决议需经全体董事 2/3 以上通过。第四，出资形式限制。货币

---

[1] 参见傅穹：《重思公司资本制原理》，法律出版社 2004 年版，第 62~67 页；刘斌编著：《新公司法注释全书》，中国法制出版社 2024 年版；沈朝晖：《授权股份制的体系构造——兼评 2021 年〈公司法〉（修订草案）相关规定》，载《当代法学》2022 年第 2 期。

第七章 新《公司法》对上市公司并购重组交易活动的影响

出资对应发行方案可由董事会根据授权直接决定,非货币财产出资需经董事会和股东会双层决策限制。第五,授权发行后注册资本变化和章程修改方面,仅因董事会根据公司章程或股东会授权决定发行股份,导致公司注册资本、已发行股份数量发生变化而需要修改公司章程的,不需再由股东会表决。

此次修订采用授权资本制是基于两方面考虑:第一,顺应全球公司法改革与演变的历史趋势。国际上两大法系的资本制度均遵循从法定资本制逐渐进化和趋同为授权资本制的发展规律。从1993年到2005年再到2013年,我国公司资本制度也基本遵循从严格监管到逐渐放开的改革历程:严格法定资本—废除最低注册资本—全面认缴制—废除强制验资制度—不再要求货币出资比例或首次出资比例。此次修订进一步释放公司资本活力,引入授权资本制,符合全球公司法改革演变的历史趋势。

第二,符合董事会优位主义的内在需求。在新股发行的语境下,一方面,董事会因常年执行公司事务而比股东更具有信息和时机优势,对于新股发行的时机、规模、对象等内容的把握更敏感和精准;另一方面,召开股东会的时间和机会成本相较于董事会而言更加高昂,容易导致时机贻误和资源错配。此时引入授权资本制,将新股发行的权利由股东会过渡到董事会,也在某种程度上顺应了股东优位主义向董事会优位主义的自然过渡。

(三)对上市公司并购重组的影响

第一,推动闪电发行,提升融资效率。相较于我国香港特别行政区的闪电配售制度以及内地在上市公司范围内小规模推行的小额快速审核制度,新《公司法》规定的股东会对董事会的授权期限限制和比例限制更低,授权方式更加灵活(不限于年度股东会),且没有价格限制,预计上市股份有限公司的融资效率将得到进一步释放。我国香港特别行政区闪电配售制和内地小额配售制的发行方式见表7-1。

表7-1　我国香港特别行政区闪电配售制和内地小额配售制的发行方式

制度		融资主体	融资期限	融资规模
闪电配售制	允许上市公司年度股东会授权董事会在不低于基准价格20%的范围内发行不超过发行前总股本20%的股份,而无须再征得股东会同意或经过监管机构的审批	比亚迪 (002594.HK)	7天	300亿港币
		中国有色矿业 (01258.HK)	6天	9.78亿港币
小额配售制	上市公司年度股东会可以根据公司章程的规定,授权董事会决定向特定对象发行融资总额不超过人民币3亿元且不超过最近1年末净资产20%的股票	亿华通 (688339.SH)	16天	2亿元人民币

第二,提高并购及资产重组效率。当股份作为公司收购支付手段时,授权资本制的效率优势更加明显。由于现金的紧缺和捆绑被

第七章 新《公司法》对上市公司并购重组交易活动的影响

收购方股东的需要,公司常以发行新股作为对外收购的支付手段。发行新股的公司内部程序越简化,对于公司董事会控制谈判节奏和谈判筹码、抓住并购商机越有利,特别是在竞标收购的场景。在授权资本制下,已事先获得股东会授权的董事会可在面对稍纵即逝的竞购商机时抢占先机。

第三,引入白衣骑士,优化股权结构。2015年,万科在抵御宝能集团的外部收购过程中,曾拟引入安邦保险集团,然而遭到第一大股东华润反对,导致陷入被动局面。根据公开报道,原因可能在于万科推出的定向发行方案将导致其持有的上市公司股份被摊薄5%,并导致其未来2~3年持有的上市公司每股盈利被摊薄20%,影响股东切身利益。可见,如果在授权资本制下,公司提前在公司章程中作出相应安排,赋予董事会发行股份的主动权,那么公司就拥有进一步的抵御能力。

第四,摊薄敌意收购人股权,维持上市公司控制权。以下将通过两个收购案例来论证授权资本制对敌意收购的价值。

> 在盛大收购新浪案中,2005年2月19日,盛大在其网站及纳斯达克官方网站同时发布声明,称截至2月10日,盛大及其控股股东地平线媒体有限公司,已经通过公开股票市场交易以2.3亿美元收购新浪19.5%的已发行普通股。为阻止盛大通过增持股权控制新浪,新浪董事会于2005年2月22日晚发表声明宣称其

已采纳股东购股权计划(俗称"毒丸计划"):若盛大及关联方再收购新浪0.5%或以上的股权,则股权的持有人(收购人除外)将有权以半价购买新浪公司的普通股。根据"毒丸计划",盛大如果想达到股权的20%,就必须再支付已经支付的2.3亿美元的一半。最终,在新浪的"毒丸计划"反击下,盛大最终放弃收购计划,并于2006年11月至2007年2月出售新浪合计10.3%的股权。

在马斯克收购推特案中,马斯克于2022年4月4日宣布已取得推特9.2%的股份,并计划以430亿美元对推特发出收购要约。推特于4月15日宣布将实施为期1年的股东权利计划("毒丸计划"):若马斯克未经推特董事会同意再收购5.9%股份,那么,除马斯克之外的股东有权以低于市价的价格,按照每份持股购买9份新股的比例增持推特股份,若所有股东行权,马斯克的持股比例将从15%稀释至2%。在"毒丸计划"的推动下,马斯克与推特又进行多轮协商,并于4月25日接受马斯克的收购协议,收购价格从最初的430亿美元提升至440亿美元,一个"毒丸计划"使收购价格上升10亿美元。

从"毒丸计划"的上述内涵和实操过程可以看出,其要真正发挥作用,授权资本制、董事会发行、低价发行、歧视发行几个条件缺一不可。因此,虽然"毒丸计划"在我国仍缺乏落地制度土壤,但市场热议的中国版"毒丸计划"似乎在更近一步。

第七章 新《公司法》对上市公司并购重组交易活动的影响

二、类别股制度的确立

(一)新《公司法》相关规定

第一百四十四条 公司可以按照公司章程的规定发行下列与普通股权利不同的类别股:

(一)优先或者劣后分配利润或者剩余财产的股份;

(二)每一股的表决权数多于或者少于普通股的股份;

(三)转让须经公司同意等转让受限的股份;

(四)国务院规定的其他类别股。

公开发行股份的公司不得发行前款第二项、第三项规定的类别股;公开发行前已发行的除外。

公司发行本条第一款第二项规定的类别股的,对于监事或者审计委员会成员的选举和更换,类别股与普通股每一股的表决权数相同。

第一百四十五条 发行类别股的公司,应当在公司章程中载明以下事项:

(一)类别股分配利润或者剩余财产的顺序;

(二)类别股的表决权数;

(三)类别股的转让限制;

(四)保护中小股东权益的措施;

(五)股东会认为需要规定的其他事项。

第一百四十六条 发行类别股的公司,有本法第一百一十六条第三款规定的事项等可能影响类别股股东权利的,除应当依照第一百一十六条第三款的规定经股东会决议外,还应当经出席类别股股东会议的股东所持表决权的三分之二以上通过。

公司章程可以对需经类别股股东会议决议的其他事项作出规定。

(二)类别股制度在我国的发展

从立法逻辑来看,类别股的确立顺应了时代发展潮流,是在考察相关经验基础上的立法创新。类别股制度肇始于19世纪30年代的美国,尽管在类别股制度诞生之初,其便因直接挑战美国的民主、平等理念而饱受争议,其中的无表决权股份甚至曾被纽交所明令禁止,[1]但随着时代变迁和新经济新产业的强大需求,纽交所迫于纳斯达克和全美证券交易所竞争压力放弃对双层股权结构禁止政策,类别股制度开始在全球范围内蓬勃发展起来。

小米集团的优先股条款即类别股制度的典型案例。关于股息权的设置,小米集团规定,若公司董事会宣告发放股利,优先股股东有

---

〔1〕 1925年,道奇兄弟公司(DodgeBrothers, Inc.)为筹集约13,000万美元的资金,向公众投资者发行了债券、优先股和15,000万股无表决权A类普通股,而投资银行狄龙瑞德公司(Dillon, Read & Co.)却以不到225万美元的对价持有250,001股有表决权的B类股票并取得了道奇兄弟公司的控股地位。参见朱慈蕴、[日]神作裕之、谢段磊:《差异化表决制度的引入与控制权约束机制的创新——以中日差异化表决权实践为视角》,载《清华法学》2019年第2期。

权优先于现有或未来的普通股或任何其他类别股份持有人，按初始投资额享有年利率为8%的非累积优先股股利。除非已经将优先股股利支付完毕，否则本公司不得以现金或任何其他方式向任何普通股或其他类别股份持有人支付、宣告或者分派股利。关于转换权利，小米集团明确，2015年7月3日后，优先股持有人有权将所持有优先股转换为B类普通股；或在公司完成合格上市，或经持有该类优先股2/3投资人书面同意时，优先股将自动转换为B类普通股。关于赎回权利，小米集团规定，如果公司在2019年12月23日前没有完成合格上市，则优先股股东有权要求公司按照投资成本加年8%的复利及已计提但尚未支付的股利或赎回时点优先股的公允价值孰高值赎回其所持优先股。关于优先清算权利，小米集团明确，当公司发生清算、破产或其他自愿性或非自愿性解散事件时，清偿所有债权人债务及根据法律可能需有限偿还的债务后，优先股股东可优先于普通股股东获得分配。

京东双层投票权结构是类别股制度下的另一典型案例。刘强东及管理层持有的B股股份每股代表20份表决权，其他股东持有的A股股份每股只能代表1份表决权；B类股可以转化为A类股，而A类股在任何情况下都不能转化为B类股。这使刘强东及其管理团队虽然仅持有23%的普通股，但在股东会重大议案上有绝对发言权，从而牢牢把握住公司的控制权。

另外，我国已试验并积累一定类别股经验。在2023年《公司法》

167

修订之前,我国已经进行过类别股相关立法尝试,并在科创板上市公司范围内积累了成功经验,这些有益经验为此次修订奠定了现实基础。

优刻得表决权差异安排。根据优刻得公司特别表决权设置安排,发行人共同实际控制人季某某、莫某某及华某持有的A类股份每股拥有的表决权数量为其他股东(包括本次公开发行对象)所持有的B类股份每股拥有的表决权的5倍。季某某、莫某某及华某对公司的经营管理以及对需要股东大会决议的事项具有绝对控制权。本次发行前,季某某、莫某某及华某合计直接持有发行人26.8347%的股份,根据公司现行有效的公司章程,通过设置特别表决权持有发行人64.7126%的表决权。公司本次发行5850万股,季某某、莫某某及华某在本次发行完成后合计持有发行人23.1197%的股份及60.0578%的表决权。

九号公司表决权差异安排。公司股东投票机制的主要条款如下:公司股份分为A类普通股股份(普通股份)和B类普通股股份(特别表决权股份)。持有B类普通股股份的股东为对公司发展或者业务增长等作出重大贡献,并且在公司上市前及上市后持续担任公司董事的人员或者该等人员实际控制的持股主体。持有B类普通股股份的股东在公司中拥有权益的股份合计须达到公司全部已发行有表决权股份10%以上。公司每份B类普通股股份具有5份表决权,每份B类普通股股份的表决权数量相同。除前款规定的表决权差异外，B类普通股股份与A类普通股股份具有的其他股东权利完全相同。持有B类普通股股份的股东应当按照所适用的法律法规以及公司章程细则行使权利，不得滥用特别表决权，不得利用特别表决权损害投资者的合法权益。

(三)规则解读

《公司法》2023年修订实质上为我国股份有限公司确立了类别股制度。新《公司法》下的类别股制度有以下几层含义。

第一，股份类型。新《公司法》明确三类类别股份：第一种类型是优先或劣后分配利润或剩余财产的股份。股份有限公司可以发行优先分配利润的股份、优先分配剩余财产的股份、劣后分配利润的股份、劣后分配剩余财产的股份四类股份，在此基础上，还可以将前述股份内容进行组合。第二种类型是每一股表决权多于或少于普通股的股份。每一特别表决权股份拥有的表决权数量多于或少于每一普通股份拥有的表决权数量，形成了差异化表决权，特别表决权股份的其他股东权利则与普通股份相同。第三种类型是转让须经公司同意等转让受限的股份。需要注意的是，新《公司法》第144条规定的转让受限股不同于第157条规定的章程限制转让股份，第144条规定的系类别股之一，后者则不限于类别股，可以对普通股在内的股份设置转让限制。除上述三种类别股外，新《公司法》还进行了兜底性规定，即国务院规定的其他类别股，为日后法律扩展类别股的权利义务内容预留空间。

第二,发行限制。类别股仅适用于股份有限公司,不适用于有限责任公司。对于公开发行股份的公司,新《公司法》禁止其发行表决权类别股、转让受限股,但在非公开发行阶段已经发行的前述股份则不受该规定限制。

第三,表决权恢复机制。根据新《公司法》的规定,在选举公司监事或审计委员会成员时,类别股表决权恢复至普通股表决状态。

第四,章程记载。根据新《公司法》的规定,发行类别股的公司必须在公司章程中记载法定必要事项,包括:(1)类别股分配利润或剩余财产的顺序。对于优先股或劣后股,公司章程应当明确其权利和义务,包括分配利润或剩余财产的具体标准、计算方式和顺位。(2)类别股的表决权数。对于每一股表决权股份所对应的表决权数量多于或少于普通股的股份,其对应表决权的具体数量或比例,应当在公司章程中予以明确。(3)类别股的转让限制。股份有限公司发行转让须经公司同意等转让受限股份的,应当在章程中载明限制的具体内容、涤除转让限制的程序和方式等事项。(4)保护中小股东权益的措施。公司章程在设置类别股的同时,需确定对中小股东的权益保护措施,包括但不限于表决权恢复机制、异议股东的回购请求权、董事的具体信义义务、控股股东或实际控制人的注意义务、中小股东对于公司的合理期待等内容。(5)股东会认为需要规定的其他事项。

第五,分类表决制度。对于"股东会作出修改公司章程、增加或者减少注册资本的决议""公司合并、分立、解散或者变更公司形式的决议",以及其他可能影响类别股股东权利的事项,除应经出席会议的股东所持表决权 2/3 以上审议通过外,还需经出席类别股股东会的股东所持表决权 2/3 以上审议通过,同时满足前述两个要件才能形成有效决议。此外,公司章程还可对须经类别股股东会会议决议的其他事项作出规定。

(四)对上市公司并购重组的影响

第一,切合投资者多样化需求,为投融资交易场景中特殊股东权利的设定提供制度保障。随着我国商事实践发展,表决权和收益权完全绑定的普通股制度,已经越来越难以满足多元化投资者需求。在公司法没有特别规定的情况下,投资者往往通过合同方式实现特殊股东权利,但该等权利缺乏公司法和合同法依据,可能被认为存在争议乃至认定无效。

例如,最高人民法院就曾因民间融资投资活动中,融资方和投资者设置估值调整机制(投资者与融资方根据企业将来的经营情况调整投资条件或给予投资者补偿)缺乏公司法和合同法依据,而主张"投资者与目标公司本身之间的补偿条款如果使投资者可以取得相对固定的收益,则该收益会脱离目标公司的经营业绩,直接或间接地损害公司利益和公司债权人利益,故应认定无效"[1]。

---

[1] 参见苏州工业园区海富投资有限公司与甘肃世恒有色资源再利用有限公司、香港迪亚有限公司、陆某增资纠纷案,载《最高人民法院公报》2014 年第 8 期。

《公司法》2023年修订将交易实践中出现频率相对较高的股东权利约定事项（包括优先分红、优先清算、差异表决、转让限制）上升到了法律层面，在一定程度上为特殊股东权利的设定提供了制度保障，是保障投融资交易各方权利、维护交易安全的有益尝试。

第二，集中公司表决权，对抗短期投机主义或敌意收购。例如，百度曾为防止被外部产业或金融资本恶意收购，在赴美上市前启用表决权差异安排制度：将在美国股市新发行股票称作A类股票，在表决权中，每股为1票；而创始人股份为B类股票，每股为10票。这个制度推行后，李彦宏等创始人大股东只需要保证所持股份在11.3%以上，即可获得对公司的绝对控制权。该制度的出台，成功守住了创始人团队对百度的控制权。

第三，衔接境内上市规则中的表决权差异安排。A股上市相关监管规定及审核实践已为携带表决权差异安排的企业提供了明确的上市路径，而现有境内上市规则下的差异化表决权制度也基本没有超出新《公司法》下的类别股制度框架（包括上市后不得新设差异表决权、对特定重大事项的表决强制"一股一权"等）。因此，新《公司法》实施后，境内上市规则中关于表决权差异安排的规定不会发生实质变化，可以与新《公司法》进行较好的衔接。

三、出资资产范围的扩大

(一)新《公司法》相关规定

第四十八条 股东可以用货币出资,也可以用实物、知识产权、土地使用权、股权、债权等可以用货币估价并可以依法转让的非货币财产作价出资;但是,法律、行政法规规定不得作为出资的财产除外。

对作为出资的非货币财产应当评估作价,核实财产,不得高估或者低估作价。法律、行政法规对评估作价有规定的,从其规定。

(二)债权出资与股权出资的立法演变

我国法律对于债权出资和股权出资,经历了从明确禁止到未明确认可、有限允许的演变过程。

明确禁止阶段。1993年,新中国第一部《公司法》颁布,该部《公司法》采取严格的法定资本制度,在出资形式方面,对债权出资持明确禁止的态度。其第24条明确规定,能作为出资的资产仅限于货币、实物、工业产权、非专利技术和土地使用权五种形态。强制性规范的性质排除了债权、股权等其他资产形态出资的可能。

政策导向的立法尝试阶段。为实现国有大中型企业脱困目标,处置银行不良资产,我国从20世纪90年代末期开始正式实行债转股政策。与此相应,原国家经贸委、财政部、中国人民银行陆续出台系列政策,包括《关于实施债权转股权若干问题的意见》《关于债权转股权工作中资产评估若干问题的通知》《关于进一步做好国有企业债权转股权工作的意见》等。但这个阶段的债转股规定政策性导向明显,主要是为了盘活中央和地方国有企业(尤其是商业银行)不良信贷资产,其对纳入可实施债转股企业的范围、条件、审核程序等作出了较为严格的规定。

合同约定,司法认可阶段。这一阶段,司法实践开始对债转股和股权出资的合法性做出确认性尝试。2002年12月3日发布的《最高人民法院关于审理与企业改制相关的民事纠纷案件若干问题的规定》第14条第1款规定:"债权人与债务人自愿达成债权转股权协议,且不违反法律和行政法规强制性规定的,人民法院在审理相关的民事纠纷案件中,应当确认债权转股权协议有效。"该规定的颁布,说明债转股在司法层面得到了认可。

2003年11月4日公布的《最高人民法院关于审理公司纠纷案件若干问题的规定(一)(征求意见稿)》第7条明确规定:"出资人或者发起人以股权、债券等能够确定价值并具有流通性的财产出资的,人民法院应当认定其符合公司法第二十四条的规定。"虽然该征求意见稿并未成为正式的司法解释,股权出资的合法性仍未得到正式认可,但不失为一次有益尝试。

立法层面正式许可阶段。2005年《公司法》第27条第1款规定:"股东可以用货币出资,也可以用实物、知识产权、土地使用权等可以用货币估价并可以依法转让的非货币财产作价出资;但是,法律、行政法规规定不得作为出资的财产除外。"该条未明确规定债权、股权可以作为股东出资,但也未明确禁止,这就为债权、股权出资留下了合法空间。

随后,国家及地方层面先后出台相关法律和政策性文件,对股权出资、债权出资的定义、适用条件、协议内容、出资程序等事项作出细化规定,并结合实践发展情况完善调整,以适应经济发展,包括《股权出资登记管理办法》《最高人民法院关于适用〈中华人民共和国公司法〉若干问题的规定(三)》《公司债权转股权登记管理办法》《公司注册资本登记管理规定》《国务院关于积极稳妥降低企业杠杆率的意见》《关于市场化银行债权转股权的指导意见》《关于市场化银行债权转股权实施中有关具体政策问题的通知》《中华人民共和国市场主体登记管理条例》《中华人民共和国市场主体登记管理条例实施细则》等。新《公司法》是对经济发展需要的回应,也是对上述立法、司法实践成熟成果的确认。

(三)规则解读

《公司法》2023年修订扩大了公司股东可用作出资的财产范围,明确股权、债权也可以作价出资,但必须同时具备可估值性和可转让性。为此,《最高人民法院关于适用〈中华人民共和国公司法〉若干问题的规定(三)》《中华人民共和国市场主体登记管理条例实施细则》等现行规则对债权出资和股权出资规定了一些细化条件。

债权出资条件包括:第一,债权人已经履行债权所对应的合同义务,且不违反法律、行政法规、国务院决定或者公司章程的禁止性规定；第二，经人民法院生效裁判或者仲裁机构裁决确认；第三，公司破产重整或者和解期间，列入经人民法院批准的重整计划或者裁定认可的和解协议；第四，用以转为公司股权的债权有两个以上债权人的，债权人对债权应当已经作出分割。

股权出资条件包括：第一，出资股权由出资人合法持有并可依法转让；第二，出资股权无权利瑕疵或负担；第三，出资人已履行关于股转的法定手续；第四，出资股权已完成价值评估。

(四)对上市公司并购重组的影响

第一，减少交易环节和税费成本，提高投资效率，激发投融资热情。股权或债权作为出资方式是财产所有者对其财产行使处分权的体现，是股权或债权所有者调整其资产持有结构、优化资产配置的战略性选择；同时为股权或债权所有者提供了新的渠道，强化其资本的社会财富创造功能。股权和债权出资制度正式确立之后，投资者不再需要先行处置股权或债权资产，再以处置价款开展投资，而可直接以股权或债权资产履行出资义务，大大简化了交易环节，并可在满足特定条件情况下适用特殊税务处理，节约交易成本，激发投资者投资热情。

第二，丰富企业改制和资产重组的方式和渠道，有利于加快资本在市场中的自由流转，提高资本运行效率。股权出资和债权出资克服了货币出资的局限，使更多资产结构中股权和债权资产配置比例较高的自然人和法人组织得以参与资本市场，如上市公司国有控股股东等可以股权出资或债权出资认购上市公司非公开发行股票,将其拥有的优质资产注入上市公司,有利于上市公司做大做强,也有利于减少关联交易,避免同业竞争,增强上市公司资产的完整性、独立性,从而有利于完善上市公司法人治理。

第三,允许债权出资,可以优化企业的财务状况。企业通过债权转股权,可以大幅降低资产负债率,优化企业的财务状况,提升企业的市场竞争力。如中国铁建为降低公司下属4家全资子公司中铁十四局、中铁十八局、中铁二十局和中铁城建的资产负债率(截至2022年9月,该等子公司负债率均超80%),于2022年12月引入中银资产、建信投资、工银投资、交银投资4家投资者合计出资100亿元对中国铁建子公司进行增资,并约定增资完成后60个月内,中国铁建可以向中银资产、建信投资、工银投资、交银投资4家投资者定向发行的中国铁建股票为对价收购投资者所持有的标的股权;如增资完成后60个月内未能实现重组退出,自前述期限届满之日起6个月内,中国铁建有权(但无义务)以相应价格收购投资者所持有的标的公司全部(而非部分)股权。通过开展债转股业务,中国铁建整体负债率重新回到75%以下,有效降低资产负债率和带息负债规模,调整优化资产负债结构。

第二节　公司治理

一、股东会临时提案持股比例标准的降低

(一)新《公司法》相关规定

第一百一十五条[1]　召开股东会会议,应当将会议召开的时间、地点和审议的事项于会议召开二十日前通知各股东;临时股东会会议应当于会议召开十五日前通知各股东。

---

[1] 该条的修订基础为2018年《公司法》第102条。该条规定:"召开股东大会会议,应当将会议召开的时间、地点和审议的事项于会议召开二十日前通知各股东;临时股东大会应当于会议召开十五日前通知各股东;发行无记名股票的,应当于会议召开三十日前公告会议召开的时间、地点和审议事项。单独或者合计持有公司百分之三以上股份的股东,可以在股东大会召开十日前提出临时提案并书面提交董事会;董事会应当在收到提案后二日内通知其他股东,并将该临时提案提交股东大会审议。临时提案的内容应当属于股东大会职权范围,并有明确议题和具体决议事项。股东大会不得对前两款通知中未列明的事项作出决议。无记名股票持有人出席股东大会会议的,应当于会议召开五日前至股东大会闭会时将股票交存于公司。"

第七章 新《公司法》对上市公司并购重组交易活动的影响

单独或者合计持有公司百分之一以上股份的股东，可以在股东会会议召开十日前提出临时提案并书面提交董事会。临时提案应当有明确议题和具体决议事项。董事会应当在收到提案后二日内通知其他股东，并将该临时提案提交股东会审议；但临时提案违反法律、行政法规或者公司章程的规定，或者不属于股东会职权范围的除外。公司不得提高提出临时提案股东的持股比例。

公开发行股份的公司，应当以公告方式作出前两款规定的通知。

股东会不得对通知中未列明的事项作出决议。

(二)规则解读

新《公司法》第115条规定了股份有限公司股东会通知与提案的相关规则。此次修订有三点值得注意：第一，提案权持股比例限制下降。与2018年《公司法》相比，股东提案的股权比例从单独或合计持有公司3%以上股份降至1%，并明确规定公司不得提高临时提案股东的持股比例。第二，董事会对临时提案的审查权。新《公司法》要求临时提案应符合法律、行政法规和公司章程的要求，应属于股东会职权范围。对于不符合条件和程序的临时提案，董事会有权不交给股东会审议。第三，股东会不得对通知中未列明的事项作出决议。对于通知中未列明事项，股东会不得对此作出决议，否则参会股东对此缺乏提前了解与足够调查，难以有效行使股东权利。

关于降低股东行使提案权的持股比例限制。一方面，在现代公司制"两权分离"背景下，公司经营权集中于董事会，股东获取信息的途径相对有限,赋予股东临时提案权有益于股东表达自身合理诉求、参与公司经营管理,也有助于促进公司信息透明和决策民主,督促经营者勤勉尽责。另一方面,根据中国证监会统计,我国多数上市公司的股权较为集中,少数股东的持股比例普遍较低。在这一现状下,原规定临时提案股东需持股3%的比例门槛有过高之嫌,致使股东提案权未能有效实现保护少数股东的目的。因此,新《公司法》将股东行使提案权的持股比例从3%降至1%,并明确公司不得提高提出临时提案股东的持股比例,确保少数股东对公司治理的实质参与,为少数股东诉求提供表达渠道,落实了公司治理维护股东权益的目标。

关于明确董事会的提交义务和审查权。这项规定的背后其实是对公平和效率的平衡和综合考量:赋予小股东提案权是为了保障小股东平等地位,但大量实证案例显示,股东提案权常常伴随上市公司控制权争夺等纠纷,股东以困扰公司为目的提交大量提案,若不进一步厘清股东滥用提案权的问题,将严重降低公司治理效率。因此,赋予董事会对股东临时提案的审查权,有助于规范少数股东更好地行权,避免个别股东滥用股东权利危及公司治理秩序。

关于确立董事会对临时提案的审慎审查义务。董事会对股东提案进行审查既是权利也是义务,为防止董事会滥用提案审查权,新《公司法》借鉴了中国证监会《上市公司股东会规则》(2022年修订)规定,明确董事会对临时提案的审查边界(仅限于议题是否明确,决议事项是否具体,议案内容是否违反法律、行政法规或者公司章程的

第七章 新《公司法》对上市公司并购重组交易活动的影响

规定,是否属于股东会职权范围),有利于最大限度地发挥董事会对于过滤不符合形式条件和审议程序的提案,减少决议瑕疵,提高股东会效率的作用,防止其滥用审查权,妨碍小股东依法行权。

关于增加上市公司信息披露规则。与非上市公司相比,上市公司股东更依赖信息披露获取知情信息。要求上市公司将临时股东提案如期披露,既能方便外部投资者获取上市公司信息,也能传达小股东的理念和关切,消弭股东之间的信息差,促进大股东和小股东之间、股东和管理层之间的良性竞争。

(三)对上市公司并购重组的影响

第一,扩大了享有提案权的股东范围,有利于中小股东维护自身权益。《公司法》2023年修订扩大了享有提案权的股东范围,有利于中小股东以提案形式维护自身权益,符合促进资本市场健康发展的立法取向。股东提案权在股东权利体系中有着非常重要的作用,是小股东参与、监督和纠正公司经营决策,表达自身诉求的重要抓手。但在实践中,上市公司在公司章程中刻意提高提案权持股比例要求的做法数见不鲜,严重损害中小股东利益。

> 伊利股份曾试图通过提高股东提案权持股比例和持股时间要求来提高提案权行使门槛,并曾计划修改公司章程,在第53条规定:关于更换及提名董事会、监事会成员以及修改公司章程

的提案,须连续2年以上单独或合计持有公司15%以上股份的股东才有权提出。不过该修改事宜很快因涉及限制股东提案的法定资格、提名权而遭到监管问询,最终伊利股份取消了相应修改。

海利生物通过增加股东提案权持股时间要求提高提案权行使门槛。2017年4月17日,投服中心以普通股股东身份向海利生物发出《股东质询建议函》,就其公司章程中对单独或合计持股3%以上股东的董事提名权增加持股"连续90天以上"条件提出质询,认为该条款涉嫌侵害中小投资者合法权益,不合理地限制了股东对董事的提名权,违反《公司法》及相关规定,建议取消此限制类条款。2017年4月24日,海利生物回复称,公司章程相关条款未违反《公司法》的规定,拒不修改上述条款;投服中心认为其回复理由不成立,遂向公司所在地法院提起诉讼,要求其改正。2018年4月28日,上海市奉贤区人民法院最终作出判决认为,根据《公司法》的规定,只要具有公司股东身份,就有选择包括非独立董事候选人在内的管理者的权利,在权利行使上并未附加任何限制条件。被告海利生物在有关公司章程中设定"连续90天以上"的条件,违反了《公司法》规定,限制了部分股东就非独立董事候选人提出临时提案的权利,相关条款内容应认定为无效。上述案件虽然最终确认上市公司在公司章程中

第七章 新《公司法》对上市公司并购重组交易活动的影响

> 不当限制股东提案权的做法无效，但整个诉讼也持续了1年左右，并花费了大量的诉讼成本。《公司法》2023年修订直接以立法形式确认上述判决精神，从规则层面厘清上市公司章程对于股东提案权限制的边界，为上市公司中小股东依法行使提案权提供了重要制度保障。

第二，为上市公司收购和反收购的权利行使边界提供了明确依据。实践中，股东提案被拒绝提交股东会审议的情况屡见不鲜，这一情况与上市公司收购和反收购有着千丝万缕的联系，以下将试举两例。

> 皖通科技拒绝将股东罢免和提名提案提交股东大会审议。皖通科技董事会在审查股东提交的关于罢免董事和提名董事候选人的议案时，主张股东提案具有不正当目的，不利于公司经营稳定且必要性不足，同时给市场释放决策层和管理层不稳定的信号，损害了公司和全体股东的根本利益，因此存在滥用股东权利的情形，违反《公司章程》第37条规定的股东义务，也违反深交所关于股东大会召开的规定，不予提交股东大会审议。
>
> 从收购的角度来看，收购方通常期望通过股东大会更换董事会成员，以实现对公司的实际控制。在上市公司收购进程中，当收

183

购方持有一定比例股份后,会试图通过提交罢免和提名董事的提案,改变公司现有管理层结构,以实现后续整合及战略调整。皖通科技董事会拒绝股东提案,无疑对收购方的计划造成了极大阻碍,使收购方难以借助股东大会这一合法途径达到控制公司的目的。而从反收购的角度来看,董事会此举是维护公司现有控制权结构、抵御收购方攻势的重要手段。通过拒绝股东提案,维持现有管理层的稳定,保持公司原有的经营策略和发展方向,避免收购带来的不确定性。但这种行为若缺乏明确法律边界的约束,极有可能导致董事会权力滥用,损害股东尤其是收购方股东的合法权益,破坏资本市场公平有序的竞争环境。

创新医疗拒绝将股东罢免提案提交股东大会审议。创新医疗董事会在审查股东提交的关于罢免董事的议案时,主张罢免公司董事会全体董事的要求,属于无故解除董事职务的情形,违反《公司章程》第96条"董事在任期届满以前,股东大会不能无故解除其职务"的规定,不予提交股东大会审议。

《公司法》2023年修订明确了董事会对股东提案权持股比例的限制边界和对股东提案内容的审查边界,使符合一定条件的股东能够更顺利地提出提案,保障了收购方在满足法律规定持股比例的情况下,有机会通过合法途径表达对公司治理结构调整的诉求,推动收

第七章 新《公司法》对上市公司并购重组交易活动的影响

购进程的合理开展;同时,也避免了小股东虽持股比例较低却随意提出提案,干扰公司正常运营的情况,为公司在反收购时保持必要的稳定性提供了保障。而对提案内容审查边界的明确,一方面,防止了董事会对股东提案的过度干预,确保收购方的合理提案能够进入股东大会审议环节,保障了收购方的合法权益;另一方面,为公司在反收购时,合理拒绝股东恶意干扰公司运营的提案提供了明确依据,避免公司因不合理提案陷入混乱。因此,这一修订使上市公司收购和反收购行为能够在清晰的法律框架内有序进行,有助于相关市场主体依法合规进行上市公司收购和反收购。

第三,《公司法》2023年修订未对股东持股期限进行限制,股东可能滥用提案权干扰公司治理,甚至炒作股价。以下将试举两例进行说明。

华润信托提议分红后高位抛售上市公司股票。2014年4月4日,华润信托发行的"华润信托·泽熙6期单一资金信托计划"持有宁波联合总股本4.98%的股份,华润信托代泽熙6期提出有利于股东的公司利润分配预案,引起股价上涨,但由于泽熙6期持股比例不足5%,免受短线交易红线限制而可随时卖出股份。该提案提出后,宁波联合两天之内股价涨幅达到19.57%,但其在4月28日公布决议后股价跌停,期待分配"利好"的股民被套。证券市场专业人士怀疑泽熙在高位出货,股东大会决议时所持股份所剩无几,具有操纵股市交易嫌疑。

紫金电子等在公司披露业绩亏损前提议分红后大规模减持获利。2015年1月23日,上市公司海润光伏原股东紫金电子等3位股东在事先尚未披露公司业绩亏损的情形下,贸然提出向全体股东每10股转增20股的高送转利好提案。其实,该上市公司净利润为负值,并不符合分配红利的条件。3位股东利用该误导性陈述,在提案后不到1周的时间内大规模减持股份获取利益,江苏省证监局对其作出罚款、警告等行政处罚。

比较法上,美国、日本等国家为避免股东滥用提案权,均对股东提案权持股期限作出限制。美国要求提案股东持有股票1年以上且在股东大会召开之时继续持有:根据美国《证券交易法》第14a-8的规定,提出提案的股东的持股比例必须达到该公司发行的不低于1%或者市值不低于2000美元的具有表决权的股票,以其较低者为准。而且该股东必须在提交提案时已经持有上述股票1年以上并在股东大会召开之时继续持有。对于那些已经登记在册的股东,公司可以查明其适格性。但该股东必须提供将继续持有其股票的声明。对于那些未在公司登记的股东,必须以下列两种方式之一提交证明材料:一是让记录保存者(通常为银行或者经纪人)出具其在当时持有所要

第七章 新《公司法》对上市公司并购重组交易活动的影响

求的股票已经达1年以上的证明；二是填写证券交易委员会所要求的表格，说明其已经持有所要求的股票达1年以上并提供有关材料证明。无论以哪种方式，其均必须向公司提交在提案提出时和股东会召开时继续持有所持股票的声明。[1]

日本要求提案股东持有股票6个月以上：根据日本《公司法》第303条第2款的规定，在设置董事会的公开公司中，自6个月前连续持有全体股东表决权的1%（章程规定更小比例的，为该比例）以上表决权或300个（章程规定更少数量的，为该数量）以上表决权的股东，可以在股东大会召开日的8周（章程规定更短期间的，为该期间）前向公司提出行使议题权。[2]

为此，不妨参照我国《公司法》第189条关于连续180日以上单独或者合计持有公司1%以上股份的股份有限公司股东有权对公司董事、监事、高级管理人员提起代位诉讼的规定，对股东提案权加以持股期限限制，以避免股东滥用提案权干扰公司治理，影响证券市场股价等。

---

〔1〕 参见肖和保：《股东提案权制度：美国法的经验与中国法的完善》，载《比较法研究》2009年第3期。

〔2〕 参见梁上上、[日]加藤贵仁、朱大明：《中日股东提案权的剖析与借鉴——一种精细化比较的尝试》，载《清华法学》2019年第2期。

二、上市公司股份禁止代持规则的明确

(一)新《公司法》相关规定

第一百四十条 上市公司应当依法披露股东、实际控制人的信息,相关信息应当真实、准确、完整。

禁止违反法律、行政法规的规定代持上市公司股票。

(二)规则解读

《公司法》2023年修订新增禁止违反法律、行政法规的规定代持上市公司股票规定。需要特别注意的是,第140条虽然规定禁止违反法律、行政法规的规定代持上市公司股票,但并非对上市公司股票代持行为一概予以禁止,只是对违反法律、行政法规强制性规定的代持行为加以禁止。

在新《公司法》未颁布之前,关于代持上市公司股份协议效力,实务上存在巨大的争论。

> 在陈某某、湖南大康国际农业食品股份有限公司与许某某企业出资人权益纠纷案二审判决书中,湖南省怀化市中级人民法院认为,《最高人民法院关于适用〈中华人民共和国公司法〉若干问题的规定(三)》明确规定了有限责任公司股权代持协议的法律效力。湖南大康国际农业食品股份有限公司虽然是上市股份有限公

第七章 新《公司法》对上市公司并购重组交易活动的影响

司,但从法理上讲,公司法和其他法律、法规并未明文规定禁止该类公司股份代持,更未宣告该类代持协议无效。因此,陈某某、湖南大康国际农业食品股份有限公司主张股份转让及代持协议无效,无事实和法律依据,本案委托合同书应为有效协议。[1]

在杨某某、林某某股权转让纠纷案中,最高人民法院认定上市公司的股份代持协议无效,其裁判理由主要是,上市公司监管相关法律法规要求发行人必须股份清晰,并遵守如实披露的义务;公司上市监管规定虽然是部门规章性质,但系经法律授权且与法律不冲突,属于证券行业监管基本要求与业内共识,并对广大投资者和社会公共利益构成必要保障,故依据原《中华人民共和国合同法》(以下简称《合同法》)第52条第4项等规定,本案上述诉争协议应认定为无效。[2] 在本案判决之后,虽然法律、行政法规并未明令禁止上市公司股份代持,但各地人民法院对于上市公司股份代持协议的效力判断仍逐渐转变为"原则无效、例外有效",即总体上认为上市公司股份代持协议应归于无效。

在杉某与龚某股权转让纠纷案中,上海金融法院认为,发行人应当如实披露股份权属情况,禁止发行人的股份存在隐名代持情形,属于证券市场中应当遵守,不得违反的公共秩序。案涉公司

---

[1] 参见湖南省怀化市中级人民法院民事判决书,(2018)湘12民终680号。
[2] 参见最高人民法院民事裁定书,(2017)最高法民申2454号。

上市前,龚某代杉某持有股份,以自身名义参与公司上市发行,隐瞒了实际投资人的真实身份,杉某和龚某的行为构成了发行人股份隐名代持,违反了证券市场的公共秩序,损害了证券市场的公共利益,故依据原《中华人民共和国民法总则》第 8 条、第 143 条、第 153 条第 2 款和原《合同法》第 52 条第 4 项的规定,应认定为无效。[1]

但值得注意的是,在前述杨某某、林某某股权转让纠纷案之后,仍有不少司法判决认定上市公司股份代持协议有效,详见表 7-2。

表 7-2 认定上市公司股份代持协议有效的判决

案号	法院	认定有效的理由
(2018)最高法民再 33 号	最高人民法院	代持股份在发行股票占比中较小,不会损害其他广大投资者利益
(2018)粤 03 民初 2960 号	广东省深圳市中级人民法院	
(2021)京 03 民终 6293 号	北京市第三中级人民法院	
(2020)沪 01 民终 10695 号	上海市第一中级人民法院	
(2018)粤民终 2011 号	广东省高级人民法院	代持行为发生的时间较早,远早于公司上市
(2020)渝 0117 民初 7016 号	重庆市合川区人民法院	
(2020)苏 02 民终 1411 号	江苏省无锡市中级人民法院	
(2023)沪 74 民终 706 号	上海金融法院	

从前述案例看,部分司法判决认定上市公司股份代持协议有效的理由主要有两类:一是代持比例较小。持股比例小意味着该名义

---

[1] 参见上海金融法院民事判决书,(2018)沪 74 民初 585 号。

第七章 新《公司法》对上市公司并购重组交易活动的影响

股东是少数股东，对公司治理影响甚小，对证券市场的公共秩序与交易秩序影响微小。即使出售全部代持股票，也很难对该股票价值和股票市场造成波动影响。二是代持事实远早于公司上市。代持行为发生较早意味着委托人是意图进行早期的股权投资而不是上市前突击入股，其代持投资不是为规避股东主体资格、关联方认定或信息披露等上市监管规则，主观上没有规避监管的非法目的。

由此可见，认定当事人合意的上市公司股份代持协议无效须以违反法律、行政法规的强制性规定或违背公序良俗（损害社会公共利益）为前提，是基于公共利益对民法意思自治的干涉；而人民法院在面对一些股份代持行为对上市公司的信息披露或监管影响较为轻微，或存在合理、客观原因导致股份代持等情形时，认可其有效性，是对当事人意思自治的保护，也符合法律谦抑性的体现。

(三) 对上市公司并购重组的影响

由于代持行为常被滥用于商业贿赂、"白手套"等违规活动中，因此，上市公司重大资产重组及上市公司并购监管过程中，均对上市公司股份代持事项持否定态度。《公司法》2023 年修订符合上市公司重大资产重组审核监管实践，理顺了《公司法》《证券法》《上市公司重大资产重组管理办法》《上市公司收购管理办法》等规则及司法实践之间的关系，为提高上市公司并购重组规范化提供了公司法上的依据。以下将通过两个案例呈现实践中代持协议对上市公司并购重组的影响。

1. *ST节能(金城股份)——一致行动人股份代持影响并购重组审核

2012年12月,金城股份实际控制人的一致行动人张某清与非公司股东第三方冯某、高某霖分别签署了《股权代持协议书》,约定由张某清代冯某、高某霖分别持有上市公司235.738万股、167.869万股股份,后两者只享有收益权,相关股东权利由张某清代为行使。

2015年9月,上市公司申请重大资产重组,因冯某与上市公司实际控制人的一致行动人高某峰之间的债务诉讼纠纷引起中国证券监督管理委员会上市公司并购重组审核委员会(以下简称并购重组委)的关注,上市公司就股权代持事项予以补充披露。

2016年1月,并购重组委以部分股东股权存在代持及其他利益安排等,申请材料未充分披露相关风险,违反《上市公司重大资产重组管理办法(2016修订)》(中国证券监督管理委员会令第127号)(已被修改,现行有效为《上市公司重大资产重组管理办法(2020修正)》)第4条规定为由,对上市公司本次重大资产重组申请不予核准。

随后,上市公司决定继续推进该重大资产重组事宜,但未能通过审核,2016年3月,相关股东解除股权代持关系。

第七章　新《公司法》对上市公司并购重组交易活动的影响

> 2016年6月,上市公司获得了并购重组委有条件通过,其审核意见之一为:请上市公司补充披露张某清与冯某、高某霖签署《解除代持协议》的具体内容,股权代持是否彻底解除以及是否存在潜在纠纷,并请独立财务顾问、律师核查并发表明确意见。

2.北大医药——上市公司因大股东未披露代持关系而受处罚

2013年6月,政泉控股通过北大医药公告拟受让北大医疗出让的4000万股北大医药股票,占总股本比6.71%,于2013年9月完成股权过户手续。

2013年6月至9月,政泉控股与北大资源控股(为北大医疗的关联方)签订《股权代持协议书》,约定由北大资源控股出资,政泉控股名义持有该4000万股,政泉控股享有代持股票(扣除相关成本及税费后)收益的5%作为其代持费用。

2013年6月至2014年10月,政泉控股未将其代持事宜告知北大医药。

2014年11月,证监会对上述代持事项展开立案调查,并于2016年12月作出《行政处罚事先告知书》,认为涉案的代持双方政泉控股、北大资源控股及北大医药未能及时履行信息披露义务，构成违法行为。证监会对涉案股东人员给予警告罚款，其中股东、上市公司分别处以60万元罚款，涉案负责人员分别处以30万元罚款。

第三节 交易活动

一、财务资助制度的确立

(一)新《公司法》相关规定

第一百六十三条 公司不得为他人取得本公司或者其母公司的股份提供赠与、借款、担保以及其他财务资助,公司实施员工持股计划的除外。

为公司利益,经股东会决议,或者董事会按照公司章程或者股东会的授权作出决议,公司可以为他人取得本公司或者其母公司的股份提供财务资助,但财务资助的累计总额不得超过已发行股本总额的百分之十。董事会作出决议应当经全体董事的三分之二以上通过。

违反前两款规定,给公司造成损失的,负有责任的董事、监事、高级管理人员应当承担赔偿责任。

(二)规则解读

新《公司法》确立了禁止公司为他人取得本公司或控股股东股份提供财务资助的制度。理解该条规则,需注意把握四个方面:第一,适用范围方面,禁止公司为他人取得本公司及其母公司的股份提供财务资助的行为的规范仅适用于股份有限公司,有限责任公司可以为他人取得本公司及其母公司股权的行为提供财务资助,具体交由公司自治。第二,资助形式方面,公司不得为他人提供财务资助的形式包括但不限于:(1)赠与。为他人购买本公司或者母公司股份提供无偿资助,将直接导致公司资产减少并不当流出,损害资本充实和公司利益,应予禁止。(2)借款。他人购买本公司或者母公司股份,公司以自有资金向其提供借款的,该部分资产将转换为债权,公司或将面临新的债务偿付风险。(3)担保。公司以担保形式为他人取得本公司或者其母公司股份提供财务资助的,当被资助人无力清偿债务时,公司资产会因公司承担担保责任而减少。(4)其他财务资助形式。实践中,财务资助包括免除他人债务、支付收购费用等多种方式,应采取实质重于形式的标准来判断是否构成财务资助。第三,关于禁止财务资助的例外规定,包括为实施员工持股计划而向员工提供财务资助的特定例外,以及一般例外情形,即在为公司利益的前提下,经股东会决议或股东会授权董事会决议,且提供财务资助的总额不超过已发行股本总额的10%。第四,关于违法财务资助行为的董事、监事、高级管理人员的法律责任,公司违法提供财务资助,给公司造成损失的,负有责任的董事、监事、高级管理人员应当承担赔偿责任。

禁止财务资助制度的规范虽源自杠杆收购,但又超越了杠杆收购场景,其规范意旨有若干:第一,预防上市公司实际控制人(包括控股股东、实际控制人、董事、监事、高级管理人员等)滥用权限,使用公司资产为股东或潜在股东取得本公司股份进行不当利益输送,损害债权人及其他股东利益。第二,防止上市公司通过自有资金买卖自身股票,进而不正当影响股价,使股份交易市场价格无法真实反映公司价值,偏离市场化定价原则。第三,取得上市公司股份的行为包括向股东收购上市公司已发行股份,也包括从上市公司取得新发行股份。上市公司对后者提供财务资助,将构成循环增资,有虚假出资之嫌。[1]

在立法体例上,各国基本采取"原则禁止＋一般例外＋特别例外"的方式规范财务资助行为。新《公司法》确立的财务资助制度与该立法体例基本相同。

原则禁止。鉴于财务资助行为潜藏的道德风险,各司法区域均对财务资助行为进行禁止性规定。例如,澳大利亚《公司法》第260A条规定,除非提供资助并不会对公司或其股东的利益或公司支付债权人的能力造成实质损害,或符合法定的豁免情形,或依法经股东大

---

[1] 参见沈朝晖:《财务资助行为的体系化规制——兼评释2021〈公司法(修订草案)〉第174条》,载《中国政法大学学报》2022年第5期。

会批准,禁止公司在财务上资助他人取得(acquire)(包括发行、转让或其他任何形式)公司或公司控股公司的股份或股份单位。新加坡《公司法》第76条第1款规定,上市公司、控股公司或最终控股公司(Ultimate Holding Company)为上市公司的公司,不得直接或间接地基于为任何人取得(在获得财务资助之前或同时取得)或拟取得股份的目的或相关目的而提供财务资助,该股份为公司股份或股份单位(Units of Shares)或控股公司或最终控股公司的股份或股份单位。我国香港特别行政区《公司条例》第274节规定,禁止为购入股份而提供资助,即如任何人正进行购入或正建议购入公司的股份,在该项购入进行之前或同时,该公司或其任何附属公司不得为该项购入而直接或间接提供资助;禁止为减少或解除因购入而招致的债务提供财务资助,即某人已购入公司的股份且任何人为该项购入而招致债务,该公司或其任何附属公司不得为减少或解除该项债务,而直接或间接提供资助。

一般例外。一律禁止公司提供财务资助,容易打击一些诚实的或对公司有利的交易,因此,对财务资助有所规制的各司法辖区普遍性地规定了禁止财务资助的例外情形。各司法辖区关于禁止财务资助制度的一般例外大体可分为三种模式,详见表7-3。

表7-3 禁止财务资助制度一般例外的三种模式

模式	内容	代表国家或地区
模式一：无实质损害模式	允许不会严重损害公司利益、股东利益，或公司对其债权人有偿付能力的情况下提供的财务资助，且可不经过公司股东会或股东的审批	澳大利亚（1998年）、新西兰、新加坡
模式二：股东批准模式	将公司提供财务资助作为一项股东会授权事项进行管理，在灵活性和保护股东利益方面进行了比较好的平衡	英国、欧盟、澳大利亚（目前）、中国香港特别行政区、新加坡、新西兰、百慕大
模式三：资本比例模式	授权公司在不超过公司总实缴资本及公司储备金之总计的一定比例内提供财务资助，不需要经过公司股东会或股东的审批，但须通知公司股东	新加坡（10%）、新西兰（10%）和马来西亚（5%）

特别例外。在一般例外之外，主流国家还对财务资助行为的特别例外情形作出规定。例如，澳大利亚《公司法》第260A条第1款和第260C条规定的具体例外为：基于商业交易正常过程的一般性豁免；金融机构的特殊豁免；对公司债券发行人的子公司的特殊豁免；对已批准的员工持股计划的豁免；依照公司法规定进行的减资、股份回购；依照一项法院命令进行的财务资助。新加坡《公司法》第76条第8款、第9款规定，禁止财务资助不适用于：正常的商业贷款、借款；员工持股；依法对自身股份的购买或认购；正常分红；减资；正常商业交易；法院指令；清算人在清算中接受股份作为公司财产出售的对价等。

（三）对上市公司并购重组的影响

第一，禁止财务资助可以防范上市公司通过循环增资虚增公司注册资本，维持上市公司的资产信用和资本信用，保护债权人利益和广大投资者利益免受损害。

> 在中丝集团虚假出资案[1]中，中丝集团的全资子公司中丝集团海南公司注册资金原为2000万元。2014年9月22日，中丝集团作出股东决定，对中丝集团海南公司增加注册资金1.8亿元。2014年11月，中丝集团采用集团内循环增资的方式完成了上述增资价款实缴：先由中丝集团向中丝海南公司增资2500万元并实缴，之后中丝海南公司将该笔款项转回，如此循环几次，中丝集团共取得1.75亿元注资流水；中丝集团用其中500万元完成最后一次循环，最终取得1.8亿元注资流水。此后，汇金创展公司因与中丝集团海南公司合同纠纷案申请强制执行，执行过程中，因中丝集团海南公司无可供执行财产，汇金创展公司认为中丝集团1.8亿元出资为虚假出资，申请追加中丝集团为被执行人。最终，由于中丝海南公司无法证明其向中丝集团转款的合法性，法院认定中丝集团构成抽逃出资。

---

[1] 参见海南省高级人民法院民事判决书，(2019)琼民终565号。

第七章 新《公司法》对上市公司并购重组交易活动的影响

> 在安邦集团虚假增资案中,安邦集团为满足监管要求一举增资499亿元,随后以投资名义将保费投出,并通过其投资企业的母公司或子公司认购安邦集团股份等间接财务资助行为重新注入安邦集团。在安邦集团619亿元注册资本中,有相当一部分是通过财务资助行为实现的虚假资本,导致最终被原保监会依据《中华人民共和国保险法》第144条实施接管。[1]

第二,禁止财务资助可以控制不适当的收购行为,避免上市公司控股股东、实际控制人、董事、监事、高级管理人员等主体利用被收购公司资源的不当收购损害该公司及其股东利益的行为。

> 2004年12月,伊利股份时任董事长、总裁郑某利用担任职务之便成立外部公司,并先后挪用伊利集团1650万元购买伊利的社会法人股票,从中谋取个人利益,法院以挪用公款罪判处郑某刑罚。[2] 2018年,郑某再次被举报,据称其在担任伊利股份董事长、总裁期间,挪用伊利及子公司国债回购资金2.45亿元,以启元公司为载体收购伊利股份国有股权,谋取个人利益,其行为均

---

[1] 参见《保险保障基金动用52%资金出手搭救,2万亿资产安邦帝国家底仅11亿》,载观察者网,https://www.guancha.cn/economy/2018_04_04_452668.shtml。
[2] 参见内蒙古自治区包头市中级人民法院刑事判决书,(2005)包刑二初字第37号。

> 已构成挪用公款罪,且属情节严重。最终与前罪执行数罪并罚。[1]

二、简易合并制度的采用

(一)新《公司法》相关规定

第二百一十九条 公司与其持股百分之九十以上的公司合并,被合并的公司不需经股东会决议,但应当通知其他股东,其他股东有权请求公司按照合理的价格收购其股权或者股份。

公司合并支付的价款不超过本公司净资产百分之十的,可以不经股东会决议;但是,公司章程另有规定的除外。

公司依照前两款规定合并不经股东会决议的,应当经董事会决议。

(二)规则解读

新《公司法》规定了简易合并。所谓简易合并,是指无须经过股东会决议,仅需经过董事会决议即可进行的公司合并,包括母子公司合并、小规模合并两种情形。

母子公司合并适用于母公司与其持股90%以上的子公司合并。

---

[1] 参见《伊利原董事长郑俊怀再获刑》,载中华网,https://finance.china.com/consume/11173302/20230720/37287196.html。

第七章　新《公司法》对上市公司并购重组交易活动的影响

母公司按照一般合并程序进行,即由董事会制订合并方案,股东会作出决议,若其同时满足第 2 款规定,也可适用小规模简易程序,由董事会作出决议即可。对于子公司而言,由于小股东所掌握的资本不及所有股份的 10%,无论是一般决议还是特殊决议,均无法阻却股东会决议之形成,即使持反对意见,也无法阻止合并进行,该股东会决议不具有实质价值,因此可以省去。由于被合并子公司股东会决议程序被省去,为确保被合并子公司的小股东能够合法行使权利,《公司法》2023 年修订规定了被合并公司的通知义务,其实质上是为了满足小股东的知情权。为对少数股东利益进行衡平和补偿,被挤出公司的股东可以要求公司按照合理价格收购自己的股权或股份,以实现退出公司的结果。

小规模合并适用于收购公司合并支付的价款不超过本公司净资产 10% 的情形。被收购公司按照一般合并程序进行,即由董事会制订公司合并方案,股东会对公司合并作出决议;收购公司可以省去股东会决议,因为被合并公司相对合并公司而言,规模较小,合并结果对合并公司的实质影响不大,对股东利益的影响也不大,所以可直接适用简易合并程序,无须经过合并公司股东会决议。

对于持股比例达到 90% 以上的母子公司而言,子公司股东会的决议显然已经无法左右公司合并方案,因此,许多国家在公司合并制度上设计出简易合并程序。例如,美国在第四次并购浪潮的推动下于 1984 年在美国《示范公司法》第 11.04 条针对大规模公司吸收合

203

并小规模公司或控制公司吸收合并高度从属公司这两种合并情况规定了简易程序;随后,在其修订的美国《示范公司法》中进一步扩张简易合并适用主体,规定控制公司与持有其90%以上股份的从属公司可进行略式合并;当两家从属公司均被同一控制公司持有90%以上股份时,其合并也可由控制公司董事会直接决议实施略式合并,无须经过从属公司董事会及股东会的同意。此外,对合并后增加发行的股份总额不超过存续公司合并前发行的有表决权股份总数的20%等股东利益影响不大的小规模合并,也适用简易程序。

1997年,日本《商法》第413条规定,公司合并如符合下列两项要件,则可进行简易合并程序,不必经存续公司股东会决议同意:存续公司因合并所发行的新股总数,占其已发行股份总数1/20以下;存续公司因公司合并所应支付消灭公司股东的合并支付金总额,仅占其最终资产负债所列资产净值之1/50以下。

从各个国家的简易合并程序法律制度设计可以看出,由于公司合并在某些情况下对股东的利益并无实质性的重大影响,省略股东会决议程序,有利于公司节约合并成本,也合理地平衡了公司合并过程中的法律效率和公平之间的矛盾,保证了公司合并的效率,体现了商法注重交易便捷的原则。

(三)对上市公司并购重组的影响

一方面,简易合并制度有助于突破小股东对于公司合并程序的制约,避免因小股东敲竹杠或恶意拖延带来的僵局问题。例如,当商业银行基于防范合并风险、降低处置难度考虑,采取收购村镇银行(其他金融机构)设立分支机构路径实现对村镇银行吸收合并目标时,虽名为"吸收合并"且该吸收合并仅需要村镇银行全体有表决权股东所持表决权 2/3 以上通过(适用有限责任公司形式的村镇银行)或者出席村镇银行股东大会的有表决权股东所持表决权 2/3 以上通过(适用股份有限公司形式的村镇银行),但金融监管机构出于审慎考虑,通常仍会要求商业银行就议案中涉及的向村镇银行其他股东支付对价事项与该等股东均签署收购协议。

基于以上现行实际操作,商业银行吸收合并村镇银行一般会面临两个困难:一是由于商业银行吸收合并村镇银行需要先收购村镇银行其余股东所持村镇银行全部股权,一旦有一个股东不同意向商业银行转让其所持村镇银行股权,商业银行就无法完成对村镇银行的吸收合并;二是在商业银行未 100% 持有村镇银行股权的情况下,由村镇银行直接就吸收合并事项召开股东会,若基于吸收合并事项属于关联交易事项的判断而要求商业银行在村镇银行股东会上回避表决,则村镇银行股东会可能无法通过村镇银行被吸收合并的议案,最终导致商业银行无法对村镇银行进行吸收合并。

基于商业银行吸收村镇银行可能面临的小股东不配合的实际困难,在商业银行收购村镇银行的股权达到 90% 之后,若采取简易合并程序,村镇银行作为被合并方就吸收合并事项不再召开股东会,而是由其董事会作出被吸收合并的决议。即使董事会基于该吸收合并属于关联交易的判断，要求商业银行派驻的董事回避表决的，村镇银行的执行董事、独立董事以及其他非商业银行派驻的董事均可以在董事会上发挥重要作用，就是否同意村镇银行被吸收合并发表意见及作出投票。一旦董事会通过村镇银行被吸收合并的决议，那么，无论小股东是否同意，均可推行商业银行对村镇银行的吸收合并事项。

另一方面，作为对强制挤出制度的有益补充，简易合并制度有利于进一步提高合并效率，推动上市公司私有化，为《国务院关于加强监管防范风险推动资本市场高质量发展的若干意见》（"国九条"）关于"深化退市制度改革，加快形成应退尽退、及时出清的常态化退市格局"提供了制度供给。

上市公司私有化通常有两种模式，即以吸收合并为主要内容的一步式并购，以及以要约收购强制挤出并同步简易合并为主要内容的两步式并购。[1] 在资本市场规则和实践较为发达的美国，两步式并购因其内部决策和外部审查程序简单、速度快（一般只需要1~2月即可完成），越来越成为美国私有化主流做法。近年来，聚美优品退市、搜狐对畅游的私有化等均采取两步走策略。《公司法》2023年修订新增简易合并制度，为两步走私有化提供了一定的操作

---

〔1〕 参见郭雳：《上市公司私有化交易的审查标准与利益平衡——主动退市的境外经验与启示》，载《北大法律评论》2014年第2期。

第七章　新《公司法》对上市公司并购重组交易活动的影响

可能。

三、限售股份质权行使的限制

（一）新《公司法》相关规定

第一百六十条　公司公开发行股份前已发行的股份，自公司股票在证券交易所上市交易之日起一年内不得转让。法律、行政法规或者国务院证券监督管理机构对上市公司的股东、实际控制人转让其所持有的本公司股份另有规定的，从其规定。

公司董事、监事、高级管理人员应当向公司申报所持有的本公司的股份及其变动情况，在就任时确定的任职期间每年转让的股份不得超过其所持有本公司股份总数的百分之二十五；所持本公司股份自公司股票上市交易之日起一年内不得转让。上述人员离职后半年内，不得转让其所持有的本公司股份。公司章程可以对公司董事、监事、高级管理人员转让其所持有的本公司股份作出其他限制性规定。

股份在法律、行政法规规定的限制转让期限内出质的，质权人不得在限制转让期限内行使质权。

（二）规则解读

新《公司法》对限售股质权人在限售期届满前的质权行使进行限制：股份有限公司的股东可在限售期内出质股权，但质权人在股份限售期内不得行使质权。

此前，对于限售股质权人在限售期届满前能否主张对限售股变现以实现质权,我国司法实践中存在较大争议。根据最高人民法院执行办公室于2000年1月10日出具的《关于执行股份有限公司发起人股份问题的复函》(〔2000〕执他字第1号)的规定:"《公司法》第一百四十七条中关于发起人股份在3年内不得转让的规定,是对公司创办者自主转让其股权的限制,其目的是为防止发起人借设立公司投机牟利,损害其他股东的利益。人民法院强制执行不存在这一问题。被执行人持有发起人股份的有关公司和部门应当协助人民法院办理转让股份的变更登记手续。"

江苏省高级人民法院于2018年6月出台的《关于执行疑难问题的解答》则采取了"划转+期满抛售"的处置模式,即对限售股先进行司法划转,将被执行人(出质人)股票先行划拨至申请人账户,然后待限售期满后在二级市场进行抛售。划拨环节实际上已经导致了股权的变动。

根据上海金融法院于2021年1月4日实施的《关于执行程序中处置上市公司股票的规定》的规定,"上市公司股票处置前,应向证券交易所、证券登记结算机构查明拟处置股票的权属、数量、性质、来源、限制信息、权利负担等内容","处置上市公司限售流通股、存托凭证,根据限售条件、解禁条件、案件情况可选择适用大宗股票司法协助执行方式或网络司法拍卖方式"。

根据《广东省深圳市中级人民法院关于强制执行上市公司股票的工作指引(试行)》第16条第1款的规定:"依据《中华人民共

和国公司法》第一百四十一条第二款的规定,上市公司董事、监事、高级管理人员在任职期间每年转让的股份不得超过其所持有本公司股份总数的25%;所持本公司股份自公司股票上市交易之日起一年内不得转让;上述人员离职后半年内不得转让其所持有的本公司股份。执行中可以向上市公司、证券公司或证券登记结算机构查询该董事、监事、高级管理人员的可用额度,执行时应以该可用额度为限。"

《公司法》2023年修订强调质权人在股份限售期内不得行使质权,回应了司法实践中的争议,厘清了债权人保护规范与投资者保护规范之间的关系。

(三)对上市公司并购重组的影响

《公司法》第160条规则与上市公司重大资产重组规则相适应,有助于进一步防范上市公司股东以股份质押逃避限售及业绩承诺补偿债务风险。[1] 以下将以案例进行说明。

> 2015年,李某将其通过银江股份重大资产重组取得的股份(业绩承诺期为2013年至2015年,禁售期起始日为2014年3月

---

[1] 根据《监管规则适用指引——上市类第1号》的规定,上市公司重大资产重组中"业绩承诺方保证对价股份优先用于履行业绩补偿承诺,不通过质押股份等方式逃废补偿义务"。

26日,到期日分别为2017年3月26日、2018年3月26日及2019年3月26日)质押给浙江资管进行融资。

2016年4月15日,银江股份经审计发现,李某应补偿银江股份25,240,153股,遂于2016年4月22日发函要求李某将25,240,153股交付给银江股份并予以注销登记,以消灭该等股份的所有权。

2016年4月14日,李某向浙商资管确认将预期违约,同意浙商资管依约强制执行质押的标的股票;执行法院浙江省杭州市中级人民法院于2016年5月9日作出执行裁定及协助执行通知书,对李某所持的银江股份限售股进行冻结。

随后银江股份向浙江省杭州中级人民法院、浙江省高级人民法院提起诉讼和上诉,法院经审理认为,浙商资管依法享有对案涉股票的质权,具有优先效力;后法院对涉诉股份进行拍卖,流拍后经法院裁定归浙商资管所有,以抵偿李某对浙商资管的债务;同时解除对前述股票的冻结。[1] 由于李某已无法向银江股份补偿股票,故李某需对银江股份现金补偿约2.3亿元;但银江股份通过法院对李某的资产进行了查封并经司法拍卖,仍未追回全部补偿款,于是其于2018年对未能追回部分进行全额坏账计提。

---

[1] 参见浙江省高级人民法院民事判决书,(2017)浙民终247号。

第七章 新《公司法》对上市公司并购重组交易活动的影响

银江股份案犹如资本市场的"黑匣子事件",其暴露的限售股质押与业绩补偿冲突,推动了从监管政策、司法裁判到市场实践的全链条修正。新《公司法》首次从法律层面禁止限售股质押,彻底解决本案中质权与补偿权的冲突问题。

第四节　上市公司并购重组相关的其他制度

除前面三节已述及的与资本制度、公司治理及交易活动相关且对上市公司并购重组将带来较直接影响的条款外,《公司法》2023年修订中关于一人股份有限公司,横向法人人格否认,上市公司董事、监事、高级管理人员的聘任与解聘及其责任与义务等内容,也会间接影响上市公司并购重组活动。

一、允许一人股份有限公司,便利收购股份公司

(一)新《公司法》相关规定

第九十二条　设立股份有限公司,应当有一人以上二百人以下为发起人,其中应当有半数以上的发起人在中华人民共和国境内有住所。

第七章 新《公司法》对上市公司并购重组交易活动的影响

(二) 对上市公司并购重组的影响

关于股份有限公司发起人人数的规定最早源于1993年《公司法》。1993年《公司法》第75条规定:"设立股份有限公司,应当有五人以上为发起人,其中须有过半数的发起人在中国境内有住所。国有企业改建为股份有限公司的,发起人可以少于五人,但应当采取募集设立方式。"2005年《公司法》第79条修改了股份有限公司发起人的人数要求,将其人数下限设定为2人,人数上限修改为200人,并将其一体适用于发起设立和募集设立的公司。这一修改一直延续至2018年《公司法》。

2018年《公司法》规定股份有限公司应当有至少2名股东,导致上市公司对外收购时,如标的公司系股份有限公司,则上市公司除非先将标的公司变更为有限责任公司,否则无法对标的公司进行全资收购。新元科技收购清投智能、津膜科技收购甘肃金桥、龙洲股份收购兆华领先等项目中,均涉及交易标的需先在交易完成前变更公司形式的方案设计。

考虑到变更公司形式需公司股东会以特别决议方式审议通过,且需在交易交割之前完成,原有法律框架缺乏一人股份公司的制度供给,导致上市公司收购股份公司类型资产时的交易流程延长,且需交易对方配合的事项增多,增加了交易整体不确定性。新《公司法》对股份有限公司发起人人数进行调整,允许股份有限公司仅有1名股东,直接便利了上市公司对股份公司实施收购。

随着中国证监会2023年8月27日发布的《证监会统筹一二级市场平衡优化IPO、再融资监管安排》及2024年3月15日《关于严把发行上市准入关从源头上提高上市公司质量的意见(试行)》的政策的推行,一方面,拟首发上市企业将进一步审慎推进首发上市申请,并有可能选择其他证券化路径(2024年1~2月,IPO终止家数达54家);另一方面,已上市企业必须加强市值管理,提升投资价值。因此,在可以预见的未来一段时间内,将有不少原拟通过首次公开发行股票实现证券化的企业,通过被上市公司收购的方式实现证券化,该等企业均为股份有限公司。新《公司法》提供的一人股份公司制度,为前述即将到来的上市公司收购股份公司类型资产提供了便利。

二、横向法人人格否认,扩大并购核查范围

(一)新《公司法》相关规定

第二十三条 公司股东滥用公司法人独立地位和股东有限责任,逃避债务,严重损害公司债权人利益的,应当对公司债务承担连带责任。

股东利用其控制的两个以上公司实施前款规定行为的,各公司应当对任一公司的债务承担连带责任。

只有一个股东的公司,股东不能证明公司财产独立于股东自己的财产的,应当对公司债务承担连带责任。

第七章 新《公司法》对上市公司并购重组交易活动的影响

(二)对上市公司并购重组的影响

法人人格否认制度,是指当公司法人独立地位和股东有限责任被公司股东滥用,严重损害公司债权人利益时,否认公司的法人人格,使公司股东或被公司股东控制的其他公司承担连带责任的制度。根据刺破法人人格的方向,可以分为纵向法人人格否认、横向法人人格否认和逆向法人人格否认。其中,纵向法人人格否认,也称正向法人人格否认,是指否认公司法人人格,使公司股东对公司债务承担连带责任,是法人面纱的正向刺破;横向法人人格否认,是指否认各关联公司的法人人格,使关联公司之间对对方的债务承担连带责任,是法人面纱的横向刺破;逆向法人人格否认,也称反向法人人格否认,是指否认公司的法人人格,使公司对股东的债权人承担连带责任,是法人面纱的逆向刺破。

2018年《公司法》仅规定了纵向法人人格否认制度,其构成要件包括:(1)滥用行为的主体为公司股东。(2)存在滥用公司法人独立地位和股东有限责任的行为,如人格混同、过度支配与控制、资本显著不足等。(3)滥用行为造成了逃避债务,严重损害公司债权人利益的法律后果。虽然《九民纪要》第11条规定,控制股东或实际控制人控制多个子公司或者关联公司,滥用控制权使多个子公司或者关联公司财产边界不清、财务混同,利益相互输送,丧失人格独立性,沦为控制股东逃避债务、非法经营,甚至违法犯罪工具的,可以综合案件事实,否认子公司或者关联公司法人人格,判令承担连带责任。但是,《九民纪要》并非法律,也不是司法解释,人民法院在裁判时不能够直接适用,而仅能作为说理的依据。新《公司法》在司法案例和《九民纪要》经验基础上,从法律层面确立了横向法人人格否认制度。

在上市公司并购重组活动中,买方往往更加关注标的公司本身的资产质量,聘用的中介机构也更多地对标的公司本身的主体资格、业务、资产、收入、费用等方面进行调查。对于卖方及卖方控制的其他企业而言,买方通常关注其是否存在占用标的公司资金或资产、是否存在与标的公司构成同业竞争的其他主体、是否通过与标的公司进行不公允的关联交易或其他方式损害标的公司利益的情形,对卖方控制的其他企业自身情况关注较少。

诚然,通过对标的公司的尽职调查,可知悉标的公司是否存在被股东利用,进而逃避债务及损害债权人利益的情形。但新《公司法》明确的横向法人人格否认制度,仍有可能导致标的公司被卖方或卖方控制的其他企业债权人作为被告起诉。因此,上市公司并购重组活动中,应针对新《公司法》明确的横向法人人格否认制度增设对应交易条款,要求卖方对标的公司及其控制权的其他企业是否存在类似情形进行陈述与保证,同时设计合理的违约责任或交割后风险分配条款,尽可能减少卖方及卖方控制的其他企业对标的公司的影响。

三、明确董监高义务，提升上市公司控制权交易中董监高话语权

(一)新《公司法》相关规定

第五十一条 有限责任公司成立后，董事会应当对股东的出资情况进行核查，发现股东未按期足额缴纳公司章程规定的出资的，应当由公司向该股东发出书面催缴书，催缴出资。

未及时履行前款规定的义务，给公司造成损失的，负有责任的董事应当承担赔偿责任。

第五十三条 公司成立后，股东不得抽逃出资。

违反前款规定的，股东应当返还抽逃的出资；给公司造成损失的，负有责任的董事、监事、高级管理人员应当与该股东承担连带赔偿责任。

第二百一十一条 公司违反本法规定向股东分配利润的，股东应当将违反规定分配的利润退还公司；给公司造成损失的，股东及负有责任的董事、监事、高级管理人员应当承担赔偿责任。

第二百二十六条 违反本法规定减少注册资本的，股东应当退还其收到的资金，减免股东出资的应当恢复原状；给公司造成损失的，股东及负有责任的董事、监事、高级管理人员应当承担赔偿责任。

(二)对上市公司并购重组的影响

新《公司法》新增、修改的上述条款更加明确地规定了董事、监事

及高级管理人员的忠实、勤勉义务,并规定了董事、监事、高级管理人员在特定情形下需与股东共同承担对公司的赔偿责任。

一方面,上述修订表明我国对公司治理的立法导向进一步从"股东会中心主义"走向"董事会中心主义"。在"董事会中心主义"下,并购活动中的管理层将发挥愈加核心的作用。市场上也已经有不少上市公司实质上系由管理层实际经营并控制,股份买卖双方需要在股份交易活动中进一步听取管理层的意见,并争取获得管理层的支持。

另一方面,上述修订进一步提高了上市公司董事、监事及高级管理人员的职业风险,可能间接提升买方的收购成本。毕竟,因担任上市公司独立董事的职业风险较高,目前已有部分上市公司在聘任独立董事环节遇到困难。未来,考虑到新《公司法》对上市公司董事、监事及高级管理人员提出了更高的履职要求,上市公司收购人需要在收购前将交割后上市公司人员安排尽早纳入方案考虑范围。

四、董事解聘可获偿与"金色降落伞"制度

(一)新《公司法》相关规定

第七十一条 股东会可以决议解任董事,决议作出之日解任生效。

无正当理由,在任期届满前解任董事的,该董事可以要求公司予以赔偿。

第七章 新《公司法》对上市公司并购重组交易活动的影响

(二) 对上市公司并购重组的影响

"金色降落伞"制度系指在公司被收购时，公司董事、监事、高级管理人员或其他核心人员中的某一类或全部被解除职务的，公司同意为其支付经济补偿金。该制度常被作为一项控制权防御措施，通过抬升收购方收购成本、造成标的公司资本净流出，提高收购难度。

2018年《公司法》未对董事任期届满前被公司解任，公司是否需对其进行补偿作出规定。《公司法解释（五）》第3条规定，"董事任期届满前被股东会或者股东大会有效决议解除职务，其主张解除不发生法律效力的，人民法院不予支持。董事职务被解除后，因补偿与公司发生纠纷提起诉讼的，人民法院应当依据法律、行政法规、公司章程的规定或者合同的约定，综合考虑解除的原因、剩余任期、董事薪酬等因素，确定是否补偿以及补偿的合理数额"。可见，新《公司法》生效前，公司是否应当就董事在任期届满前被解除职务向董事进行补偿以及补偿的数额存在不确定性。

新《公司法》第71条明确赋予董事在任期届满前被无故解任可以要求公司予以赔偿的权利。"赔偿"一词的使用，也隐含了在没有正当理由的情况下，公司解任董事存在一定程度上的过错。

在上市公司控制权收购中，收购人往往会改组上市公司董事会，以对上市公司实施控制。若上市公司控制权变动被认为属于"无正当理由"的情形，则被解任的董事有权要求公司就其解任承担赔偿责任。新《公司法》第71条是否会催生上市公司在章程中添加"金色降落伞"制度条款,司法裁判机构是否会支持董事因控制权变动而被解任时向公司提起的赔偿请求及具体支持金额,尚待市场及司法实践进一步验证。

第八章

新《公司法》中的其他关联性制度

继前述章节对新《公司法》各项制度的深入解析后，本章将聚焦新《公司法》中的其他关联性制度进行论述，包括法人人格否认制度的最新发展，国有出资公司的专门规定，以及上市公司在信息披露、交叉持股方面的特别要求。股份有限公司需对新增的"横向法人人格否认"制度给予高度重视，深刻理解"揭开公司面纱"的多样化情形，并充分关注上市公司在股权代持、纵向交叉持股领域所面临的严格限制。对于国有股份有限公司而言，新《公司法》中的特别规定具有至关重要的意义，该等规定为其治理结构优化提供了明确指引。

第一节　公司集团合并"揭开公司面纱"制度

一、新《公司法》相关规定

第二十三条　公司股东滥用公司法人独立地位和股东有限责任,逃避债务,严重损害公司债权人利益的,应当对公司债务承担连带责任。

股东利用其控制的两个以上公司实施前款规定行为的,各公司应当对任一公司的债务承担连带责任。

只有一个股东的公司,股东不能证明公司财产独立于股东自己的财产的,应当对公司债务承担连带责任。

二、"法人人格否认"制度沿革与新《公司法》的修改

"法人人格否认"制度,是指为阻止对公司独立人格的滥用在特定

情况下否认公司独立人格的制度。该制度最早出现于英美法系国家的判例法中,被称为"揭开公司面纱"(lifting the veil of the corporation)或"刺破公司面纱"(piercing the veil of the corporation)。[1]

通常认为,"法人人格否认"制度包括纵向、横向、逆向这三种类别,所谓"纵向法人人格否认",是指否认公司独立人格和股东有限责任原则,法律后果系要求股东为公司债务承担连带责任;"横向法人人格否认",是指否认由一个股东控股的两个或两个以上关联公司的人格,要求他们对彼此对外的债务承担连带责任;"逆向法人人格否认",通常指向由公司对股东的债权人承担连带责任的情形。

(一)"法人人格否认"制度的引入与审判实践发展情况

1. 纵向法人人格否认制度

自1993年《公司法》颁布以来,我国公司制度在迅猛发展的同时,也出现了部分公司滥用法人独立人格、损害债权人权益的情形,引发学术界及审判实务对"法人人格否认"制度的深入研究与广泛关注。《公司法》2005年修订,引入"法人人格否认"制度,我国成为第一个将人格否认制度统一、明确、系统地规定在成文法中的国家。[2]此后,在《公司法》2013年和2018年两次修正过程中,该制度均未作

---

[1] 参见赵旭东主编:《公司法学》(第4版),高等教育出版社2015年版,第6~7页。

[2] 参见赵旭东主编:《新公司法重点热点问题解读:新旧公司法比较分析》,法律出版社2024年版,第419页。

调整。

2018年《公司法》第20条规定:"公司股东应当遵守法律、行政法规和公司章程,依法行使股东权利,不得滥用股东权利损害公司或者其他股东的利益;不得滥用公司法人独立地位和股东有限责任损害公司债权人的利益。公司股东滥用股东权利给公司或者其他股东造成损失的,应当依法承担赔偿责任。公司股东滥用公司法人独立地位和股东有限责任,逃避债务,严重损害公司债权人利益的,应当对公司债务承担连带责任。"通常认为,前述规定仅对"纵向法人人格否认"的情形予以明文规定,但未涉及兄弟公司、关联公司间"横向法人人格否认"的情形。由于缺乏明确的法律依据,审判实践中对关联公司之间能否适用"法人人格否认"制度存在很大争议。

至2019年,最高人民法院《九民纪要》专门对人格否认问题作出了细化指引,包括对人格混同、过度支配与控制、资本显著不足三类"股东滥用公司人格"的情形作出明确规定,为司法实践提供具体裁判指引。

2. 横向法人人格否认制度

如前所述,《公司法》2005年修订时,立法者并未引入横向法人人格否认制度。至2013年,最高人民法院发布第15号指导性案例(以下简称15号指导案例),就横向法人人格否认制度提供裁判指引后,实践中"横向刺穿公司面纱"的判决明显增多。15号指导案例通过较为"曲折"的方式为个案项下的横向法人人格否认制度寻找正当性基础,即对时行有效的2005年《公司法》第20条第3款的"参照"适用,原《中华人民共和国民法通则》(以下简称《民法通则》)第4条("诚实信用"原则)及2005年《公司法》第3条第1款("法人财产独立性"原则)均可作为"横向法人人格否认"的法律依据。

2019年,最高人民法院《九民纪要》专门对人格否认问题作出细化指引的同时,在第11条第2款直接规定横向法人人格否认制度。《九民纪要》第11条第2款规定:"控制股东或实际控制人控制多个子公司或者关联公司,滥用控制权使多个子公司或者关联公司财产边界不清、财务混同,利益相互输送,丧失人格独立性,沦为控制股东逃避债务、非法经营,甚至违法犯罪工具的,可以综合案件事实,否认子公司或者关联公司人格,判令承担连带责任。"

3. 逆向法人人格否认制度

自法人人格否认制度发展以来,逆向法人人格否认是否应予认可,在理论及实务中始终存在较大争议。关于逆向法人人格制度的相关实践争议问题,详见本节第五部分。

(二)新《公司法》关于法人人格否认制度的修改

自2005年《公司法》确立"法人人格否认"制度以来,尽管立法机关在2013年和2018年对《公司法》进行了两次修正,但横向法人人格否认制度始终未能在成文法层面予以明确规定。审判实践为回应实务需要,发展出了横向法人人格否认制度的裁判规则与指引。但在缺乏明确法律依据的情况下,"横向法人人格否认"在现行法中寻找正当性基础，实属勉为其难。具体而言：一方面，如通过"参照"适用时行《公司法》第20条第3款（纵向法人人格制度）为横向法人人格否认提供裁判依据，则该路径本身即显示立法可能存在某种"漏洞"；另一方面，以"诚实信用"原则或时行《公司法》第3条第1款作为"横向法人人格否认"的法律依据，存在"向一般原则逃逸"的嫌疑。

为回应实践需求，新《公司法》作出如下修改：

其一，将2018年《公司法》第20条中涉及法人人格否认制度的内容移至新《公司法》第23条作为第1款，纵向法人人格否认制度延续2018年《公司法》规定。

其二，在第23条第2款新增横向法人人格否认制度，即"股东利用其控制的两个以上公司实施前款规定行为的，各公司应当对任一公司的债务承担连带责任"。在法律层面正式规定横向法人人格否认制度，将从根本上解决现阶段人民法院在处理此类案件时的法律适用困境。

结合规定行文，新《公司法》将横向法人人格否认制度的适用范围限定于"股东利用其控制的两个以上公司"。结合新《公司法》修订专班成员所编写的相关立法释义观点，前述"控制"并不限于基于股权的母子公司式的控制，而是一种广义上的，包括以协议或者其他方式实现对公司支配力的控制。[1] 若遵循该理解,该制度适用范围不限于股东直接控股的两家或多家公司,股东间接控股的两家公司亦可适用该规定;股东利用协议关系、亲属关系或其他方式控制的公司均可适用该规定。反之,若相关企业不具有被同一股东或实际控制人控制的关联关系,则可能无法适用该等横向法人人格否认制度。

其三,新《公司法》将2018年《公司法》第63条关于一人有限公司财务独立举证责任倒置的规定移至第23条第3款,并涵盖了一人有限责任公司和一人股份有限公司。

其四,因新《公司法》仍未明文对逆向法人人格否认制度予以规定,故法人人格否认制度的逆向适用问题仍有待司法实践予以进一步回应。

三、适用"法人人格否认"制度的构成要件梳理

回顾过往司法实践中法人人格否认制度的实践情况,简要归纳该制度适用的司法裁判原则及具体构成要件,有利于各市场参与主体准确把握新《公司法》的纵向、横向法人人格否认制度,有效防范相应风险。

在司法裁判原则上,需要关注两点:一是法人人格否认制度是一项例外规则。作为《公司法》基石的公司人格独立和股东有限责任,不宜轻易否定,否定仅是例外情形。人民法院会根据案件事实综合

---

[1] 参见赵旭东主编:《新公司法条文释解》,法律出版社2024年版,第54页。

第八章 新《公司法》中的其他关联性制度

判断,整体上较为审慎。二是最高人民法院《九民纪要》已明确指出,公司人格否认不是全面、彻底、永久地否定公司的法人资格,而只是在具体案件中依据特定的法律事实、法律关系,突破股东对公司债务不承担责任的一般规则,例外地判令其承担连带责任。人民法院在个案中否认公司人格的判决的既判力仅仅约束该诉讼的各方当事人,不当然适用于涉及该公司的其他诉讼,不影响公司独立法人资格的存续。如果其他债权人提起公司人格否认诉讼,已生效判决可作为证据使用,相关认定事实可以在另案中加以援引。

进一步而言,关于"法人人格否认"的构成要件,在理论及实践中存在多种拆分方式,不同方式各有侧重但亦具有共通性。以下将从主体、行为、结果"三要件"角度展开讨论。[1]

---

[1] 参见赵旭东主编:《公司法学》(第4版),高等教育出版社2015年版,第8~9页。从我国司法实践的情况看,大部分法院也从此"三要件"出发进行论述。如在廖某某等与云南桂族贸易有限公司等合同纠纷案中,云南省高级人民法院认为,能否适用《公司法》第20条第3款规定的公司人格否认规则,"应从以下几方面予以考察:其一,主体要件,公司人格否认法理适用的主体是实施了滥用公司人格和股东有限责任行为的控制股东,即实际参与公司经营管理,并能对公司的主要决策活动施加影响的股东……其二,行为要件,是指控制股东实施了滥用公司法人人格的行为,主要表现为公司的人格混同,即公司与股东不分或者合一,指股东与公司之间资产不分、人事交叉、业务相同,与其交易的第三人无法分清是与股东还是公司进行交易……其三,结果要件,是指滥用公司人格的行为对债权人利益或者社会公共利益造成了严重损害。"参见云南省高级人民法院民事判决书,(2015)云高民二终字第84号。与之持相同观点的判决还有:中国长城资产管理公司沈阳办事处与新东北电气(沈阳)高压隔离开关有限公司、沈阳北富机械制造有限公司、沈阳新泰仓储物流有限公司等金融不良债权追偿纠纷案[最高人民法院民事判决书,(2013)民二终字第66号];白某某与呼和浩特市平泽食品有限责任公司、顾某某民间借贷纠纷案[内蒙古自治区呼和浩特市中级人民法院民事判决书,(2015)呼民四终字第00716号]等。

在主体要件上,依据"法人人格否认"制度主张权利的主体是公司债权人,包括主动债权人和被动债权人。就责任承担主体而言,在纵向法人人格否认制度中指向滥用公司独立人格及股东有限责任的特定股东,在横向法人人格否认制度中指向同一股东控制的其他公司。通常理解,上文的"控制"不限于基于股权的母子公司式的控制,而是一种广义上的,包括以协议或者其他方式实现对公司支配力的控制。此时新旧《公司法》均未明确规定的是,滥用公司独立人格的实际控制人是否亦应对公司债务承担连带赔偿责任。但从理论及实践来看,主流观点认为,公司人格否认应扩张适用于实际控制人。例如,在杜某1、杜某2买卖合同纠纷案中,最高人民法院认为,2018年《公司法》第20条第3款规定:"公司股东滥用公司法人独立地位和股东有限责任,逃避债务,严重损害公司债权人利益的,应当对公司债务承担连带责任。"尽管杜某1、杜某2非能盛公司股东,但2018年《公司法》第20条规制股东滥用公司法人人格之立法目的,自应涵盖公司实际控制人滥用公司法人人格之情形,故原审基于此判令杜某1、杜某2对案涉债务承担连带清偿责任符合2018年《公司法》第20条之立法目的,并不属于适用法律确有错误之情形。[1]

在行为要件上,股东实施了滥用公司法人人格的行为。结合最

---

〔1〕 参见最高人民法院民事裁定书,(2019)最高法民申6232号。

高人民法院《九民纪要》规定的细分情形，其通常可归为以下三类[1]：

一是人格混同，又称法人人格的形骸化，实质是公司与股东完全混同，公司仅仅是股东行为的工具，不具有独立存在的价值。其核心要素系公司与股东间的财产混同且无法区分，而其表征则包括人员混同、业务混同、财务混同、住所混同、身份混同等。

"人员混同"主要指向相关公司的股东、法定代表人、管理层、财务人员、重要业务人员甚至普通雇员有交叉任职的情形，最典型的情形是"一套人马，多块牌子"。"业务混同"则主要是指相关公司从事相同的业务活动，在经营过程中不加区分，如同一业务有时以一公司名义进行，有时又以另一公司名义进行，致使交易相对方无法区分与哪家公司进行交易活动。而"财务混同"主要是指相关公司之间账簿、账户混同，或者两者之间不当冲账。

认定人格混同时还需要注意的是，在集团公司、母子公司结构之下，控制公司对其下属公司的人员、业务、财务进行统一管理是一种常见状态。例如，在人员方面，集团公司会向下属公司派遣管理人员；在业务方面，集团公司会对下属公司制定统一的业务规范，下达统一的生产经营计划，进行统一考核；在财务方面，集团公司会建立统一的财务管理制度等。这种统一管理，只要是在合法的范围内，在

---

[1] 参见赵旭东主编：《新公司法讲义》，法律出版社2024年版，第165~167页。

控制公司没有滥用权利、侵犯下属公司独立人格的前提下，就不属于人格混同。[1]

二是过度支配与控制，即公司控制股东操纵公司的决策过程，使公司完全丧失独立性，严重损害公司债权人利益。有学者指出，过度控制与人格混同两种行为样态的主要区别在于，过度控制不似人格混同一般有着明显的股东和公司在财产、人员、业务方面同一而不可区分的外在表征；但无论哪种行为样态下，公司思想和行为均受股东操控，其所体现的均是股东意志而非公司意志。[2] 过度控制常见的情形包括"母子公司之间或者子公司之间进行利益输送的""母子公司或者子公司之间进行交易，收益归一方，损失却由另一方承担的""先从原公司抽走资金，然后再成立经营目的相同或者类似的公司，逃避原公司债务的""先解散公司，再以原公司场所、设备、人员及相同或者相似的经营目的另设公司，逃避原公司债务的"等。

三是资本显著不足，即公司设立后在经营过程中，股东实际投入公司的资本数额与公司经营隐含的风险明显不匹配。从目前司法裁判规则看，就"资本显著不足"的判断标准问题尚未形成明确统一的

---

[1] 参见刘净：《指导案例15号〈徐工集团工程机械股份有限公司诉成都川交工贸有限责任公司等买卖合同纠纷案〉的理解与参照》，载《人民司法》2013年第15期。

[2] 参见王毓莹：《新公司法二十四讲：审判原理与疑难问题深度释解》，法律出版社2024年版，第103页。

裁判规则,需在个案项下结合公司所处行业的一般情况及业务规模水平进行具体分析。[1]

在结果要件上,股东(或实际控制人)滥用公司人格的行为须对债权人利益造成严重损害。根据《九民纪要》的规定,损害债权人利益,主要是指股东滥用权利使公司财产不足以清偿公司债权人的债权。但如何理解"公司财产不足以清偿债权",仍无司法共识,导致个案差异较大。[2]

债权人的债权受到严重损害,是股东"滥用"公司法人独立地位和股东有限责任行为造成的,股东实施"滥用"行为是因,债权人受到严重损害是果。如果债权人受到严重损害,不是股东滥用行为造成的,而是其他原因,如市场原因、公司经营管理不善等原因,就不能突破公司法人独立地位和股东有限责任的原则。

---

[1] 参见李雨新:《〈九民纪要〉中"资本显著不足"之剖析》,载《环渤海经济瞭望》2020年第3期。
[2] 参见吴飞飞、刘嘉霖:《公司法人格否认规则中"严重损害债权人利益"标准的认定——基于339份裁判文书的实证研究》,载《金融法苑》2023年第1期。

四、"横向法人人格否认"的典型案例：15号指导案例[1]

> **基本案情**
>
> 徐工集团工程机械股份有限公司(以下简称徐工机械)主张成都川交工贸有限责任公司(以下简称川交工贸)拖欠其货款未付,且认为成都川交工程机械有限责任公司(以下简称川交机械)、四川瑞路建设工程有限公司(以下简称瑞路建工)与川交工贸公司人格混同,3家公司实际控制人王某某以及川交工贸相关股东的个人资产与公司资产混同,均应承担连带清偿责任,故徐工机械向江苏省徐州市中级人民法院起诉,请求判令川交工贸支付所欠货款及利息,川交机械、瑞路建工及王某某等个人对前述债务承担连带清偿责任。
>
> 法院经审理查明:在公司人员方面,川交工贸的股东为张某某(占90%股份)、吴某(占10%股份),其中张某某系王某某之妻;川交机械股东为王某某、倪某;瑞路建工股东为王某某、倪某。此外,3家公司经理均为王某某,财务负责人均为凌某,出纳会计

---

[1] "横向法人人格否认"作为新《公司法》的重要创新之一,被广泛讨论。就此关键制度,可以通过分析最高人民法院发布的15号指导案例,深入探讨该制度的典型适用场景。

均为卢某,工商手续经办人均为张某;3家公司的管理人员存在交叉任职的情形。

在公司业务方面,3家公司在工商行政管理部门登记的经营范围均涉及工程机械且部分重合,其中川交工贸的经营范围被川交机械的经营范围完全覆盖;川交机械系徐工机械在四川地区(攀枝花除外)的唯一经销商,但3家公司均从事相关业务,且相互之间存在共用统一格式的《销售部业务手册》、《二级经销协议》、结算账户的情形;3家公司在对外宣传中区分不明。

在公司财务方面,3家公司共用结算账户,资金的来源包括3家公司的款项,对外支付的依据仅为王某某的签字;在川交工贸向其客户开具的收据中,有的加盖其财务专用章,有的则加盖瑞路建工财务专用章;在与徐工机械均签订合同、均有业务往来的情况下,3家公司于2005年8月共同向徐工机械出具说明,称因川交机械业务扩张而注册了另2家公司,要求所有债权债务、销售量均计算在川交工贸名下,并表示今后尽量以川交工贸名义进行业务往来;2006年12月,川交工贸、瑞路建工共同向徐工机械公司出具申请,以统一核算为由要求将2006年度的业绩、账务均计算至川交工贸名下。

法院裁判

法院裁判认为,川交机械、瑞路建工与川交工贸人格混同,应对川交工贸的债务承担连带清偿责任。法院主要从以下三个方面论证3家公司人格混同:

一是3家公司人员混同。3家公司的经理、财务负责人、出纳会计、工商手续经办人均相同,其他管理人员亦存在交叉任职的情形,川交工贸的人事任免存在由川交机械决定的情形。

二是3家公司业务混同。3家公司实际经营中均涉及工程机械相关业务,经销过程中存在共用销售手册、经销协议的情形;对外进行宣传时,信息混同。

三是3家公司财务混同。3家公司使用共同账户,以王某某的签字作为具体用款依据,对其中的资金及支配无法证明已作区分;3家公司与徐工机械之间的债权债务、业绩、账务及返利均计算在川交工贸名下。

据此,法院认为,案涉3家公司虽在工商登记部门登记为彼此独立的企业法人,但实际上三者间表征人格的因素(人员、业务、财务等)高度混同,导致各自财产无法区分,已丧失独立人格,构成人格混同。其中,川交工贸承担所有关联公司的债务却无力清偿,又使其他关联公司逃避巨额债务,严重损害了债权人的利益。该等行为违背了时行2005年《公司法》第3条第1款规定的法人制度设立的宗旨,违背了诚实信用原则,其行为本质和危害结果与时行2005年《公司法》第20条第3款规定的情形相当,故参照前述规定,川交机械、瑞路建工对川交工贸的债务应当承担连带清偿责任。

案件分析

15号指导案例是在时行2005年《公司法》仅规定了纵向法人人格否认制度的背景下,人民法院在审判实践中实现"横向法人人格否认"法律效果的典型案例。本案有以下方面值得关注:

第一,在法律适用方面,本案显示横向法人人格否认制度在2005年《公司法》项下寻求法律依据的"勉为其难"。本案中,一审判决主要援引原《民法通则》第4条所规定的"诚实信用"原则并从法理角度论述,二审判决则转而采用"参照"适用2005年《公司法》第20条的解释路径。在此基础上,最高人民法院将本案选定为指导案例时,解释横向法人人格否认制度的法律依据在于:(1)原《民法通则》第4条"诚实信用"原则;(2)2005年《公司法》第3条第1款(法人财产独立的概括性规定);(3)参照适用2005年《公司法》第20条第3款"纵向法人人格否认"规则。

在新《公司法》颁布前,由于缺乏明确的制定法规范,司法实践关于"横向法人人格否认"的法律适用问题存在很大的争议。部分实践观点认为,参考全国人民代表大会常务委员会《立法技术规范(试行)(一)》,对于没有直接纳入法律调整范围,但是又属于该范围逻辑内涵自然延伸的事项,可"参照"适用相关法律;鉴于横向法人人格否认制度符合时行 2005 年《公司法》第 3 条第 1 款的规范目的,故该等情形可"参照"适用该款规定。[1] 另有部分观点认为,运用"参照"适用方法解决案件的前提是法律确有漏洞存在,而就"横向法人人格否认"之情形,法院本身就可以依据"诚实信用"原则及时行 2005 年《公司法》第 3 条第 1 款的规定妥善处理相关纠纷,不存在"参照"适用的必要性。[2] 在此语境下,15 号指导案例既认可对时行 2005 年《公司法》第 20 条第 3 款的"参照"适用路径,也认为时行《民法通则》第 4 条("诚实信用"原则)及 2005 年《公司法》第 3 条第 1 款作为否认公司法人人格的法律依据是适当的。[3] 但此立场恰恰说明,该等法律适用问题需要新《公司法》提供新制度供给,才能得到妥善处理。

---

[1] 参见李建伟:《关联公司法人人格否认的实证研究》,载《法商研究》2021 年第 6 期。

[2] 参见王军:《人格混同与法人独立地位之否认——评最高人民法院指导案例 15 号》,载《北方法学》2015 年第 4 期。

[3] 参见刘净:《指导案例 15 号〈徐工集团工程机械股份有限公司诉成都川交工贸有限责任公司等买卖合同纠纷案〉的理解与参照》,载《人民司法》2013 年第 15 期。

第八章 新《公司法》中的其他关联性制度

第二,关于"横向法人人格否认"的适用范围,15号指导案例明确"关联公司"可适用横向法人人格否认制度。需说明的是,案涉当时,2005年《公司法》并未对"关联公司"进行明确定义,仅第217条(2013年《公司法》修正为第216条)涉及"关联关系"的定义。[1] 对此,最高人民法院《指导案例15号〈徐工集团工程机械股份有限公司诉成都川交工贸有限责任公司等买卖合同纠纷案〉的理解与参照》指出,法院可参考《中华人民共和国企业所得税法实施条例》第109条规定认定关联公司:(1)在资金、经营、购销等方面存在直接或者间接的控制关系;(2)直接或者间接地同为第三者控制;(3)在利益上具有相关联的其他关系。[2] 因此,横向法人人格否认制度的适用范围相对宽泛。

新《公司法》将"横向法人人格否认"的适用范围明确为"股

---

[1] 2005年《公司法》第217条规定:"本法下列用语的含义:(一)高级管理人员,是指公司的经理、副经理、财务负责人,上市公司董事会秘书和公司章程规定的其他人员。(二)控股股东,是指其出资额占有限责任公司资本总额百分之五十以上或者其持有的股份占股份有限公司股本总额百分之五十以上的股东;出资额或者持有股份的比例虽然不足百分之五十,但依其出资额或者持有的股份所享有的表决权已足以对股东会、股东大会的决议产生重大影响的股东。(三)实际控制人,是指虽不是公司的股东,但通过投资关系、协议或者其他安排,能够实际支配公司行为的人。(四)关联关系,是指公司控股股东、实际控制人、董事、监事、高级管理人员与其直接或者间接控制的企业之间的关系,以及可能导致公司利益转移的其他关系。但是,国家控股的企业之间不仅因为同受国家控股而具有关联关系。"

[2] 参见刘净:《指导案例15号〈徐工集团工程机械股份有限公司诉成都川交工贸有限责任公司等买卖合同纠纷案〉的理解与参照》,载《人民司法》2013年第15期。

东利用其控制的两个以上公司",从而避免"关联公司"范围宽泛且不够明确的问题。此时需关注的是,新《公司法》修订专班成员所编写的相关立法释义认为,前述规定所述"控制"并不限于基于股权的母子公司式的控制,而是一种广义上的,包括以协议或者其他方式实现对公司支配力的控制。[1] 若遵循该等理解,如何理解"控制"势必将成为未来司法实践的关注焦点。

第三,在"横向法人人格否认"的认定标准上,15号指导案例的裁判逻辑相对清晰,即通过人员混同、业务混同、财务混同等一系列客观现象,综合判断认定关联公司之间的财产归属不明、难以区分各自财产,实质构成财产混同情形。[2]

在此基础上,人民法院还需进一步判断关联公司人格混同的程度,是否达到了严重损害债权人利益的程度。15号指导案例对该等结果因素的表述为"川交工贸公司承担所有关联公司的债务却无力清偿,又使其他关联公司逃避巨额债务,严重损害了债权人的利益"。对此,最高人民法院相关文章进一步指出,该结果要件应包含两方面的内容:其一,债权人的权益因为相关公司人格混同而受到了严重的侵害;其二,债权人的利益必须通过适用法

---

[1] 参见赵旭东主编:《新公司法条文释解》,法律出版社2024年版,第54页。
[2] 参见刘净:《指导案例15号〈徐工集团工程机械股份有限公司诉成都川交工贸有限责任公司等买卖合同纠纷案〉的理解与参照》,载《人民司法》2013年第15期。

人人格否认制度加以保障。[1] 换言之，若债权人的利益没有受损，或相关公司仍能够偿还债务，则债权人不能主张否认法人人格。

但需关注到，15号指导案例偏重于论述"人格混同"，而对"严重损害债权人利益"的结果因素论述较少，故部分观点认为，该等处理可能给下级人民法院带来消极的指导作用，使其误以为"严重损害债权人利益"的判断并不与"人格混同"的判断居于同等地位，或认为该等结果要件仅需基于简单的、表面的事实便可推定成立。目前，学界对"严重损害债权人利益"的主流观点为"公司丧失清偿能力"。[2]《九民纪要》也指出，损害债权人利益主要指"股东滥用权利使公司财产不足以清偿公司债权人的债权"。因此，人民法院在审理此类案件时，亦应重点审查公司的资产、经营及财务状况，在对公司清偿能力作出准确判断的基础上进一步考虑是否适用法人人格否认制度。

当然，人民法院在实践中也会较为审慎地认定"横向法人人格否认"。例如，在北京格林伟迪科技股份有限公司与长城宽带网络服务有限公司等股东损害公司债权人利益责任纠纷案中，人

---

[1] 参见刘净：《指导案例15号〈徐工集团工程机械股份有限公司诉成都川交工贸有限责任公司等买卖合同纠纷案〉的理解与参照》，载《人民司法》2013年第15期。

[2] 参见石少侠：《公司人格否认制度的司法适用》，载《当代法学》2006年第5期；宋建立：《法人人格否认理论的实际应用》，载《人民司法》2008年第16期。

民法院否定了原告关于横向法人人格否认的主张。[1] 本案中,法院对关联公司人格混同与集团统一管理行为作出区分。其核心裁判要点在于,涉案公司提交的审计报告证明关联公司之间的财产相互独立、并无混同;而且关联公司之间代收货款并不违反法律法规、公司章程或会计准则之规定,而关联公司之间个别工作人员相同、共用一个经营地址亦不能说明业务混同。应当认为,由于实践中集团统一管理情形较为常见,故只要关联公司分别有独立经营场所及组织机构,有自己的财产并建立独立账册,独立经营、独立核算,一定的人员、业务交叉不足以否定法人人格。

第四,关于"横向法人人格否认"的法律效果,15号指导案例将人格混同的关联公司视为一体,判令其对外承担责任;但对实际控制人、各关联公司的控制股东,则认定其无须承担连带责任。也就是说,15号指导案例实际认为,"横向法人人格否认"的法律效果并不追及公司背后的股东。而根据新《公司法》行文,适用横向法人人格否认制度的公司,其背后股东通常也应满足纵向法人人格否认的适用条件,应承担连带责任。[2]

---

[1] 参见北京市高级人民法院民事判决书,(2021)京民终652号。
[2] 参见赵旭东主编:《新公司法适用与最高人民法院公布案例解读》,法律出版社2024年版,第72页。

五、"逆向法人人格否认"的实践争议

(一)理论争议及实践争议

"逆向法人人格否认"在英美法中被称为"反向揭开公司面纱"(reverse piercing)。因 2005 年《公司法》仅规定了纵向法人人格否认制度,且在 2013 年和 2018 年修正过程中未予调整,故逆向法人人格否认制度与横向法人人格否认制度一并被视为对法人人格否认制度的扩张适用。

在英美法中,"逆向法人人格否认"主要包括两种情形,即"内部人反向刺破"(insider reverse piercing,又称"内部逆向法人人格否认")和"外部人反向刺破"(outsider reverse piercing,又称"外部逆向法人人格否认")。所谓"内部逆向法人人格否认",是指股东主动要求无视公司人格,将公司与该股东视为一体,以便使自己有资格对第三人提起诉讼,或使公司得以享受到本专属于该股东的豁免或保护的情形;所谓"外部逆向法人人格否认",则是指股东的债权人请求否认公司人格,将特定股东与公司视为一体,从而实现由公司对该股东个人债务承担责任的情形。[1] 在我国司法实践语境下,"逆向法人人格否认"通常多指向"外部逆向法人人格否认",主要系因实践中

---

[1] 参见江必新等:《最高人民法院指导性案例裁判规则理解与适用:公司卷》(第 2 版),中国法制出版社 2015 年版,第 92 页;Gregory Crespi, *The Reverse Pierce Doctrine: Applying Appropriate Standards*, 16 Journal of Corporate Law 33(1990)。

243

经常出现股东将财产转移至公司名下，以减轻税负或规避对个人债务执行的情形。

相较于上述"横向法人人格否认"情形，法人人格否认制度能否逆向适用，在我国理论与实务界均引发了较大争议。从法律依据角度，部分观点认为，《公司法》《九民纪要》均未明文规定"逆向法人人格否认制度"，故其无适用依据；但亦有观点认为，《九民纪要》所涉及的"人格混同""过度支配与控制"的情形包含了子公司为母公司承担连带责任的情形，新《公司法》第23条的规定亦存在解读出"逆向法人人格否认"的可能。

就公司法学界而言，不少学者均认可法人人格否认规则能够逆向适用，认为传统的"纵向否认"与"逆向否认"的区别不具有实质意义上的重要性，"因为二者的终极结果是相同的——为承担责任的目的将两个独立的实体融为一个单一的实体"[1]。

从司法实践看，最高人民法院有案例明确支持逆向法人人格否认制度。最高人民法院曾在《最高人民法院公报》案例中表明了其支持法人人格否认规则扩张适用的态度，[2]在我国审判实务界较具有

---

[1] 朱慈蕴：《公司法人格否认制度理论与实践》，人民法院出版社2009年版，第51页；廖凡：《美国反向刺破公司面纱的理论与实践——基于案例的考察》，载《北大法律评论》2007年第2期。

[2] 参见中国信达资产管理公司成都办事处与四川泰来装饰工程有限公司、四川泰来房屋开发有限公司、四川泰来娱乐有限责任公司借款担保合同纠纷案，载《最高人民法院公报》2008年第10期。

第八章 新《公司法》中的其他关联性制度

权威性的《人民司法》中亦刊载了适用"逆向法人人格否认"的案例[1],强调只要达到了与时行2005年《公司法》第20条第3款相当的标准,法院均有在具体情形下否认公司独立人格的裁量空间。最高人民法院法官指出,由于成文法的局限性,法院在审判实践中经常会遇到无法直接适用时行2005年《公司法》第20条第3款的情形。但法院不能因此拒绝裁判,而应在符合基本立法目的和原则的基础上,"参照其他国家类似情形下的处理原则,勇于创新,大胆实践"[2]。最高人民法院虞政平法官亦指出,无论是传统意义上公司将其财产转移至股东名下的情形,还是逆向"揭穿"之下股东将其资产转移至公司名下的情形,没有实质意义的区别,即"任何利用公司人格和财产独立,尤其是责任独立而逃避自身债务的行为,实质都可以被视为滥用股东有限责任的行为,均可以揭穿其公司人格的面纱"[3]。

---

[1] 参见沈阳市第二市政建设工程有限公司与沈阳惠天热电股份有限公司、沈阳新东方供热有限责任公司建设工程施工合同纠纷案,辽宁省沈阳市中级人民法院(2010)沈民二终字第264号民事判决书。本案中法院即表达了支持反向否认公司人格的态度。本案承办法官评价本案认为:"无论是传统的公司法人格否认,还是反向刺破公司面纱,都属于公司法人格否认的应有之义。换言之,只要存在公司法人格滥用情形,公司和股东实质上已成为一个整体,责任的承担也就不分彼此,股东既可以为公司承担责任,同样,公司也可以为股东承担责任。唯如此,方能匡衡失衡的法律关系,维护公平与正义。"参见陈林、贾宏斌:《反向刺破公司面纱——公司法人格否认规则的扩张适用》,载《人民司法》2010年第14期。

[2] 江必新等:《最高人民法院指导性案例裁判规则理解与适用:公司卷》(第2版),中国法制出版社2015年版,第93页。

[3] 虞政平:《中国公司法案例精读》,商务印书馆2016年版,第141页。

但从更宏观的审判实践情况审视,我国法院对法人人格反向否认的态度仍显得较为严格。部分法院裁判观点认为,法人人格否认的结果是股东对公司债务担责,而非股东对其他股东、公司对股东债务担责,因此不支持法人人格否认规则的逆向适用。如在李某某与殷某某、沂源顺泰果业有限公司民间借贷纠纷案中,二审法院认为,时行2013年《公司法》第20条第3款规定的目的是"防止公司股东滥用公司法人独立地位和股东有限责任损害公司债权人的利益,而不是规定有限责任公司对公司股东个人债务承担责任的法律规范",故不予支持债权人关于"逆向法人人格否认"的诉请。[1] 此外,部分案例虽实质判令公司为股东个人债务担责,但并未在判决理由中明确指出此系适用法人人格否认法理的结果。[2]

---

[1] 参见山东省淄博市中级人民法院民事判决书,(2014)淄民一终字第53号。类似案例还有:黄某某与崔某某、莱阳善财有机肥有限公司股权转让纠纷案,山东省烟台市中级人民法院(2011)烟民三初字第348号民事判决书;向某某等与重庆润江羊绒制品有限公司等运输合同纠纷案,重庆市高级人民法院(2015)渝高法民提字第00067号民事判决书;张某某与邓某某等民间借贷纠纷案,湖南省岳阳市中级人民法院(2015)岳中民二终字第100号民事判决书;陈某1、任某某等与李某某、陈某2等股权转让纠纷案,江苏省徐州市中级人民法院(2014)徐商终字第0400号民事判决书等。

[2] 参见赵某某与黄某某等民间借贷纠纷案,河北省张家口市中级人民法院(2015)张商初字第43号民事判决书。在本案中,法院以案涉借款的借款人虽是股东,但借款实际由公司使用为由,判决股东与公司共同偿还欠款,并指出此系参照适用2013年《公司法》第20条第3款的结果。然而,根据合同相对性原理,案涉借款合同项下义务仅应由订立合同的当事人履行,即便法院认定案涉借款实际由公司使用,也似无判令公司与股东共同偿还借款的理由。因此,唯一合理的解释是,法院在本案中实际上适用了反向否认法人人格法理,将公司与股东视作一个整体,但碍于没有明确法律规范可供援引,才给出了前述裁判理由。

(二)"逆向法人人格否认"制度的实践展望

新《公司法》第 23 条第 2 款对"横向法人人格否认"制度的明文规定,客观上为承认"逆向法人人格否认"制度留下了空间:该规定所规范的"被同一股东控制的多个公司",既包括同一层级的兄弟公司、关联公司,也包括处于同一持股链条的母子公司。进而,若被同一股东控制的母子公司之间满足"横向法人人格否认"制度的适用条件,则在母子公司人格均被否认的情况下,子公司本身即需要就母公司的债务向母公司债权人承担连带责任,此时亦实现了"逆向法人人格否认"制度的法律效果。

当然,以上仅系对现行规定的一种解读,后续仍需理论与司法实践对"逆向法人人格否认"制度的适用条件及法律效果进行更积极的探索。从合规运作角度而言,"逆向法人人格否认"制度争议较大,相关市场参与主体应从严把握,坚持独立经营、独立决策、独立核算,避免引发各种情形下的法人人格否认风险。

第二节　国家出资公司的特别规定

一、新《公司法》相关规定

第一百六十八条　国家出资公司的组织机构,适用本章规定;本章没有规定的,适用本法其他规定。

本法所称国家出资公司,是指国家出资的国有独资公司、国有资本控股公司,包括国家出资的有限责任公司、股份有限公司。

第一百六十九条　国家出资公司,由国务院或者地方人民政府分别代表国家依法履行出资人职责,享有出资人权益。国务院或者地方人民政府可以授权国有资产监督管理机构或者其他部门、机构代表本级人民政府对国家出资公司履行出资人职责。

代表本级人民政府履行出资人职责的机构、部门,以下统称为履行出资人职责的机构。

第一百七十条　国家出资公司中中国共产党的组织,按照中国共产党章程的规定发挥领导作用,研究讨论公司重大经营管理事项,支持公司的组织机构依法行使职权。

第一百七十一条 国有独资公司章程由履行出资人职责的机构制定。

第一百七十二条 国有独资公司不设股东会,由履行出资人职责的机构行使股东会职权。履行出资人职责的机构可以授权公司董事会行使股东会的部分职权,但公司章程的制定和修改,公司的合并、分立、解散、申请破产,增加或者减少注册资本,分配利润,应当由履行出资人职责的机构决定。

第一百七十三条 国有独资公司的董事会依照本法规定行使职权。

国有独资公司的董事会成员中,应当过半数为外部董事,并应当有公司职工代表。

董事会成员由履行出资人职责的机构委派;但是,董事会成员中的职工代表由公司职工代表大会选举产生。

董事会设董事长一人,可以设副董事长。董事长、副董事长由履行出资人职责的机构从董事会成员中指定。

第一百七十五条 国有独资公司的董事、高级管理人员,未经履行出资人职责的机构同意,不得在其他有限责任公司、股份有限公司或者其他经济组织兼职。

第一百七十六条 国有独资公司在董事会中设置由董事组成的

审计委员会行使本法规定的监事会职权的,不设监事会或者监事。

二、国家出资公司进行特别规定的制度背景

2015年发布的《中共中央、国务院关于深化国有企业改革的指导意见》,对新时期国有企业改革提出了目标任务和重大举措。此后相关配套文件相继发布,从国有企业分类、完善企业治理结构、完善国有资产管理体制、发展混合所有制经济、加强党对国有企业领导等多个方面对国有企业改革进行了细化,构建国企改革的顶层设计。2020年6月,中央全面深化改革委员会第十四次会议审议通过《国企改革三年行动方案(2020—2022年)》,成为面向新发展阶段深化国企改革的纲领性文件。2021年12月公布的全国人大常委会《关于〈中华人民共和国公司法(修订草案)〉的说明》明确:"第一,修改公司法,是深化国有企业改革、完善中国特色现代企业制度的需要……修改公司法,贯彻落实党中央关于深化国有企业改革决策部署,是巩固深化国有企业治理改革成果,完善中国特色现代企业制度,促进国有经济高质量发展的必然要求。"

总体来看,相较2018年《公司法》在第二章"有限责任公司的设立和组织机构"下设第四节"国有独资公司的特别规定",新《公司法》将"国家出资公司组织机构的特别规定"单独列为一章。同时,将国有资本控股公司纳入《公司法》范围,明确履行出资人职责的机构及其职责,强调了党组织作用,规定了国有出资公司内控体系的建

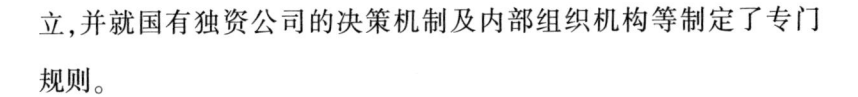

立，并就国有独资公司的决策机制及内部组织机构等制定了专门规则。

三、国家出资公司的概念厘清

新《公司法》第 168 条规定："国家出资公司的组织机构，适用本章规定；本章没有规定的，适用本法其他规定。本法所称国家出资公司，是指国家出资的国有独资公司、国有资本控股公司，包括国家出资的有限责任公司、股份有限公司。"

根据该规定，对"国家出资公司"概念应关注如下特点：第一，从资本结构来看，该概念包括国有独资公司和国有资本控股公司，但不包括国有资本参股公司。第二，在组织形式上，其可以是有限责任公司或者股份有限公司，但不包括非公司制的国有企业。第三，新《公司法》第 169 条第 1 款进一步规定："国家出资公司，由国务院或者地方人民政府分别代表国家依法履行出资人职责，享有出资人权益。国务院或者地方人民政府可以授权国有资产监督管理机构或者其他部门、机构代表本级人民政府对国家出资公司履行出资人职责。"根据该条款的文义解释，"国家出资公司"由国务院或者地方人民政府代表国家履行出资人职责，因此新《公司法》项下的"国家出资公司"应当特指由国务院或者地方人民政府直接履行出资人职责的一级公司，并不包括该等公司下设的子公司。前述特点使新《公司法》项下的"国家出资公司"明显区别于《中华人民共和国企业国有资产法》

(以下简称《企业国有资产法》)规定的"国家出资企业"。《企业国有资产法》规定了四类"国家出资企业",即国有独资企业、国有独资公司、国有资本控股公司、国有资本参股公司,[1]并对其"所出资企业"[2]进行了规制。

新《公司法》使用"国家出资公司"替代"国有独资公司"概念,相较于此前《公司法》是一大进步,是考虑到实务中国有公司不限于国有独资公司。但需持续跟进的是,新《公司法》中的"国家出资公司"与《企业国有资产法》规定的"国家出资企业"概念并不完全统一,后续需关注两部法律的衔接适用问题。

更进一步说,国有独资公司是指国家或地方政府直接出资设立,并由其授权主体代为履行出资人职责的公司,根据新《公司法》的规定,其类型应包括一人有限公司和一人股份有限公司两类。

对于国有资本控股公司,新《公司法》并未给予明确定义。毋庸置疑的是,国家直接出资额占资本总额50%以上的有限公司和国家

---

[1]《企业国有资产法》第4条规定:"国务院和地方人民政府依照法律、行政法规的规定,分别代表国家对国家出资企业履行出资人职责,享有出资人权益。国务院确定的关系国民经济命脉和国家安全的大型国家出资企业,重要基础设施和重要自然资源等领域的国家出资企业,由国务院代表国家履行出资人职责。其他的国家出资企业,由地方人民政府代表国家履行出资人职责。"第5条规定:"本法所称国家出资企业,是指国家出资的国有独资企业、国有独资公司,以及国有资本控股公司、国有资本参股公司。"

[2]《企业国有资产法》第21条规定:"国家出资企业对其所出资企业依法享有资产收益、参与重大决策和选择管理者等出资人权利。国家出资企业对其所出资企业,应当依照法律、行政法规的规定,通过制定或者参与制定所出资企业的章程,建立权责明确、有效制衡的企业内部监督管理和风险控制制度,维护其出资人权益。"

直接持有股份占股本总额50%以上的股份有限公司,应属前述概念规制范畴。但随之而来的疑问在于,"国有资本控股公司"是否涵盖相对控股公司,即国务院或地方政府直接持股比例未超过50%,但为第一大股东,且通过股东协议、公司章程、董事会决议或其他协议安排能够对其实施支配的公司。另一疑问在于,"一家公司中的各个国家出资人代表所持股份均未达到50%但合计超过50%,而另有第一大股东却是私人投资的非国有股东,该公司究竟为国有资本控股公司还是民营公司须应明确"[1]。

相较于2018年《公司法》,新《公司法》采用了"国家出资公司"的概念,将适用范围从国有独资公司扩展至国有资本控股公司,这与国企多元化改革的背景相适应。而对于履行出资人职责的主体,新《公司法》将2018年《公司法》所规定的各级国有资产监督管理机构进一步扩展至国务院或者地方人民政府授权的其他部门、机构,这在2009年5月施行的《企业国有资产法》中早有规定,第11条第2款规定:"国务院和地方人民政府根据需要,可以授权其他部门、机构代表本级人民政府对国家出资企业履行出资人职责。"新《公司法》吸收了该规定,使《公司法》与其他立法及实践情况更加契合。

---

[1] 陈甦:《中国特色现代企业制度的法律表达》,载《法治研究》2023年第3期。

四、国家出资公司治理制度的特别规定

（一）党组织领导作用在公司法的体现

新《公司法》第170条规定："国家出资公司中中国共产党的组织，按照中国共产党章程的规定发挥领导作用，研究讨论公司重大经营管理事项，支持公司的组织机构依法行使职权。"

党的领导贯穿中国的公司制度，新《公司法》则是以法律的形式对此进行了表达。2015年《中共中央、国务院关于深化国有企业改革的指导意见》明确提出加强和改进党对国有企业的领导，"把加强党的领导和完善公司治理统一起来，将党建工作总体要求纳入国有企业章程，明确国有企业党组织在公司法人治理结构中的法定地位，创新国有企业党组织发挥政治核心作用的途径和方式"。2022年10月，中国共产党第二十次全国代表大会通过的《中国共产党章程》明确指出，"国有企业党委（党组）发挥领导作用，把方向、管大局、保落实，依照规定讨论和决定企业重大事项。国有企业和集体企业中党的基层组织，围绕企业生产经营开展工作。保证监督党和国家的方针、政策在本企业的贯彻执行；支持股东会、董事会、监事会和经理（厂长）依法行使职权；全心全意依靠职工群众，支持职工代表大会开展工作；参与企业重大问题的决策；加强党组织的自身建设，领导思想政治工作、精神文明建设、统一战线工作和工会、共青团、妇女组织等群团组织"。新《公司法》承继了相关精神和规定，明确了国家出

第八章 新《公司法》中的其他关联性制度

资公司中的党组织在治理结构中的领导地位。

关于国家出资公司重大经营管理事项决策，目前十分重要的制度安排是中共中央办公厅、国务院办公厅印发的《关于进一步推进国有企业贯彻落实"三重一大"决策制度的意见》，该意见明确对于"三重一大"事项（重大决策事项、重要人事任免事项、重大项目安排事项和大额度资金运作事项），应当由党委（党组）、董事会、未设董事会的经理班子以会议形式在职责权限内作出决策；董事会、未设董事会的经理班子研究"三重一大"事项时，应事先与党委（党组）沟通，听取党委（党组）的意见。进入董事会、未设董事会的经理班子的党委（党组）成员，应当贯彻党组织的意见或决定。企业党组织要团结带领全体党员和广大职工群众，推动决策的实施，并对实施中发现的与党和国家方针政策、法律法规不符或脱离实际的情况及时提出意见，如得不到纠正，应当向上级反映。

随之而来的问题是，违反"三重一大"决策机制的公司决议是否有可能无效或可撤销、公司对外签订协议是否应属无效？在新《公司法》颁布之前，例如，在镶黄旗中海鑫源新能源科技发展有限公司与镶黄旗盛世鑫源风力发电有限责任公司服务合同纠纷案中，法院认为："三重一大"决策制度作为党中央、国务院进一步规范国有企业决策管理，实现企业科学决策、民主决策的重要制度，并非原《合同法》第52条所规定的法律及行政法规，故违反"三重一大"决策制度要求

255

而签订的合同亦并非当然无效。[1] 但在新《公司法》施行后,此类纠纷有可能再次引起争论。这也提示国家出资公司及其董监高人员,应严格遵循"三重一大"决策机制或其他类似决策机制,避免出现效力瑕疵。

(二)新增国家出资公司内部合规治理机制

新《公司法》第177条规定:"国家出资公司应当依法建立健全内部监督管理和风险控制制度,加强内部合规管理。"

该规定是对现有国企改革措施的吸收。国企内部监督管理和风险控制制度在2009年施行的《企业国有资产法》第17条已有明确规定。[2] 2019年10月,国资委发布《关于加强中央企业内部控制体系建设与监督工作的实施意见》,要求中央企业建立健全内控体系,实现"强内控、防风险、促合规"的管控目标。

2018年11月,国资委发布《中央企业合规管理指引(试行)》,加强中央企业的合规管理,规定由董事会、监事会和经理层分别承担相应的合规管理职责,设立合规委员会承担合规管理的组织领导和统筹协调,并由中央企业负责人或总法律顾问担任合规管理负责人。2022年8月,国资委正式发布《中央企业合规管理办法》,从组织职

---

[1] 参见北京市第一中级人民法院民事判决书,(2020)京01民终4920号。
[2] 《企业国有资产法》第17条规定:"国家出资企业从事经营活动,应当遵守法律、行政法规,加强经营管理,提高经济效益,接受人民政府及其有关部门、机构依法实施的管理和监督,接受社会公众的监督,承担社会责任,对出资人负责。国家出资企业应当依法建立和完善法人治理结构,建立健全内部监督管理和风险控制制度。"

责、合规管理制度建设、合规管理运行机制、合规文化、合规管理信息化建设和监督问责等方面对中央企业的合规管理进行了详细规定；同时，该办法要求地方国有资产监督管理机构参照适用，指导所出资企业加强合规管理工作。此外，为配合国有资产监管体制的改革，《中央企业合规管理办法》相较于《中央企业合规管理指引（试行）》，删除了关于监事会合规管理职责的内容。

根据《中央企业合规管理办法》的规定，"合规，是指企业经营管理行为和员工履职行为符合国家法律法规、监管规定、行业准则和国际条约、规则，以及公司章程、相关规章制度等要求"。对于国家出资公司合规管理制度的构建，目前可直接参照前述《中央企业合规管理办法》等相关规定。

五、国有独资公司治理制度的修订

（一）明确国有独资公司中履行出资人职责的机构、董事会职权划分

新《公司法》第171条规定："国有独资公司章程由履行出资人职责的机构制定。"第172条规定："国有独资公司不设股东会，由履行出资人职责的机构行使股东会职权。履行出资人职责的机构可以授权公司董事会行使股东会的部分职权，但公司章程的制定和修改，公司的合并、分立、解散、申请破产，增加或者减少注册资本，分配利润，应当由履行出资人职责的机构决定。"上述两条共同规定了国有独资公司中履行出资人职责的机构、董事会分别享有的职权。

国有独资公司仅有国家一个股东,新《公司法》第 172 条据此明确国有独资公司不设股东会。进而结合新《公司法》第 169 条的规定,国有独资公司,应由履行出资人职责的机构代表国家行使股东会职权。但由于履行出资人职责的机构不可能全面细致地管理公司日常经营事项,故新《公司法》第 171 条、第 172 条明确规定了哪些事项可授权董事会行使职权,哪些事项需经履行出资人职责的机构决定。

相关修改集中于:第一,减少了须由履行出资人职责的机构决定的重大事项,即删除了"发行公司债券"需由履行出资人职责的机构决策这一规定。第二,新《公司法》第 171 条、第 172 条新增"公司章程的制定和修改""分配利润"为必须由履行出资人职责的机构决定的重大事项。就公司章程制定及修改事项而言,根据 2018 年《公司法》第 65 条"国有独资公司章程由国有资产监督管理机构制定,或者由董事会制订报国有资产监督管理机构批准"的规定,国有独资公司章程并不必然由国有资产监督管理机构制定和修改。但新《公司法》明确前述职权应由履行出资人职责的机构行使,可见公司章程在公司治理过程中的基础性、引领性作用。第三,简化决策流程,删除了重要国有独资公司的重大事项决策需报本级人民政府批准的相关规定。但需注意的是,《企业国有资产法》第 34 条第 1 款仍明确规定:"重要的国有独资企业、国有独资公司、国有资本控股公司的合并、分立、解散、申请破产以及法律、行政法规和本级人民政府规定应当由履行出资人职责的机构报经本级人民政府批准的重大事项,履行出资人职责的机构在作出决定或者向其委派参加国有资本控股公司股东会会议、股东大会会议的股东代表作出指示前,应当报请本级人民政府批准。"新《公司法》施行后,《企业国有资产法》前述明确规定是否一并调整、修改,有待进一步观察。

(二)国有独资公司外部董事成员应过半数

新《公司法》第173条第2款规定:"国有独资公司的董事会成员中,应当过半数为外部董事,并应当有公司职工代表。"

国有独资公司外部董事成员应过半数的规定是新《公司法》新增,但该项制度在国企改革进程中早有体现。外部董事的规则实践,早在2004年公布的《国务院国有资产监督管理委员会关于国有独资公司董事会建设的指导意见(试行)》中即有所体现。所谓外部董事,是指由非本公司员工的外部人员担任的董事,外部董事不在公司担任除董事和董事会专门委员会有关职务外的其他职务,不负责执行层的事务。国资委时任党委书记李荣融曾明确指出,外部董事制度的作用:一是实现企业的决策权与执行权分开;二是实现董事会集体决策;三是实现董事会管理经理层;四是更好地代表出资人利益,正确处理各方面关系。[1] 2015年《中共中央、国务院关于深化国有企业改革的指导意见》明确健全公司法人治

---

〔1〕 参见李荣融:《在宝钢集团有限公司董事会试点工作会议上的讲话》(2005年10月17日),载中央人民政府网,https://www.gov.cn/gzdt/2005-10/18/content_79029.htm。

理结构,其中即要求"加强董事会内部的制衡约束,国有独资、全资公司的董事会和监事会均应有职工代表,董事会外部董事应占多数"。2017年《国务院办公厅关于进一步完善国有企业法人治理结构的指导意见》再次明确:"国有独资、全资公司全面建立外部董事占多数的董事会,国有控股企业实行外部董事派出制度,完成外派监事会改革。"

该制度目的在于分离公司的决策权与执行权,以避免"内部人控制"情形的出现,加强董事会的独立性并减少决策风险。"过半数"是外部董事对内部董事实现制衡的重要条件,只有外部董事能够实质影响董事会,以表决权监督内部董事,才可避免董事会被内部管理层控制,更好维护出资人的利益。这同时也是《国企改革三年行动方案(2020—2022年)》关于董事会"定战略、作决策、防风险"权责定位的法律表现。

此时值得引申阐明的是,相关法律法规及国资监管规定在追责方面并未对国有企业外部董事、兼职董事区别对待,国有外部董事、兼职董事依法对履职企业具有忠实勤勉义务;一旦违反,对于依法应承担的法律责任,国有企业外部董事、兼职董事并不能以自身是受委派单位委派履职而主张减免。

(三)允许国有独资公司选择单层制公司治理架构

新《公司法》第176条规定:"国有独资公司在董事会中设置由董事组成的审计委员会行使本法规定的监事会职权的,不设监事会或

第八章 新《公司法》中的其他关联性制度

者监事。"

不设监事会或者监事并非国有独资公司的特别规定。新《公司法》第 69 条规定："有限责任公司可以按照公司章程的规定在董事会中设置由董事组成的审计委员会,行使本法规定的监事会的职权,不设监事会或者监事。公司董事会成员中的职工代表可以成为审计委员会成员。"第 121 条第 1 款规定："股份有限公司可以按照公司章程的规定在董事会中设置由董事组成的审计委员会,行使本法规定的监事会的职权,不设监事会或者监事。"在新《公司法》项下,有限责任公司与股份有限公司均可选择设置审计委员会而不设监事会或监事。

2018 年《公司法》项下监事会与董事会平行,均由股东会选举产生,监事会对董事会与经理层进行监督。但由于权力不足、独立性不足、专业性不足等,监事会在公司治理结构中往往处于弱势地位,难以起到监督作用。对此,有学者指出,"在我国公司治理体系下,监事会的表现堪称失败。理论上均衡周到的安排实践中却饱受批评,被指形同虚设"[1]。相应地,我国学界就监事会制度的完善主要提出了两种主张:一种是保留监事会的同时采用一系列手段对其加以完

---

[1] 郭雳:《中国式监事会:安于何处,去向何方?——国际比较视野下的再审思》,载《比较法研究》2016 年第 2 期。

善,另一种是废除监事会制度。[1] 而就新《公司法》规定来看,我国立法最终采取了允许公司自行选择的模式,公司可以选择保留监事会或者取消监事会。

---

[1] 参见郭雳:《中国式监事会:安于何处,去向何方?——国际比较视野下的再审思》,载《比较法研究》2016年第2期。

第三节 上市公司应披露股东及实际控制人信息的特别规定

一、新《公司法》相关规定

第一百四十条 上市公司应当依法披露股东、实际控制人的信息,相关信息应当真实、准确、完整。

禁止违反法律、行政法规的规定代持上市公司股票。

二、上市公司披露股东及实际控制人信息的证券监管要求

在证券法中,对于上市公司而言,股东、实际控制人的认定及如实披露一直是监管与市场的关注重点。2023年修订的《公司法》与《证券法》及证券监管规则相互衔接。

证券监管领域,《证券法》第80条对上市公司大股东、实际控制

人信息披露作出明确规定。其第 2 款规定,上市公司应予披露的重大事项之一是"持有公司百分之五以上股份的股东或者实际控制人持有股份或者控制公司的情况发生较大变化,公司的实际控制人及其控制的其他企业从事与公司相同或者相似业务的情况发生较大变化"。《首次公开发行股票注册管理办法》第 12 条对发行人股份权属清晰作出规定:"发行人业务完整,具有直接面向市场独立持续经营的能力……发行人的股份权属清晰,不存在导致控制权可能变更的重大权属纠纷,首次公开发行股票并在主板上市的,最近三年实际控制人没有发生变更……"《上市公司信息披露管理办法》第 28 条对股东发生重大变化的信息披露作出规定:"涉及上市公司的收购、合并、分立、发行股份、回购股份等行为导致上市公司股本总额、股东、实际控制人等发生重大变化的,信息披露义务人应当依法履行报告、公告义务,披露权益变动情况。"

三、新《公司法》的修改内容及制度意义

新《公司法》第 140 条系二审稿新增,三审稿予以延续,并为正式颁布的新《公司法》采纳。其第 140 条第 1 款规定:"上市公司应当依法披露股东、实际控制人的信息,相关信息应当真实、准确、完整。"结合证券监管规范可知,上市公司披露信息包括但不限于股东持股比例变动、实际控制人变更、股权冻结等事项。同时,上市公司应确保所披露信息的真实性、准确性与完整性,不得有任何虚假记载、误导

性陈述或者重大遗漏。

新《公司法》第 140 条第 2 款规定:"禁止违反法律、行政法规的规定代持上市公司股票。"首先需强调的是,《证券法》及现行证券监管规则均未明文禁止上市公司股权代持行为,该款规定系新增规定。在此前提下,解读该条款文义可知:一是该款禁止违反法律、行政法规的上市公司股权代持行为,而非"一刀切"地全面禁止上市公司股权代持行为;二是该款未明确规定上市公司股权代持的法律后果。但结合现有司法实践,违反法律、行政法规的上市公司股权代持应属无效。

新《公司法》新增上市公司应披露股东及实际控制人信息之规定,是从证券监管要求中总结而来的,构成对《证券法》及相关证券监管规则的重述。上市公司股东和实际控制人信息的如实披露,能提高上市公司信息披露透明度,也能使公司管理层及时、准确地了解公司的所有权结构和实际控制情况,从而确保公司决策的透明度和合法性。相反地,若上市公司股东、实际控制人信息不能如实披露,则监管机构对于上市公司系列信息披露要求、关联交易审查、高管人员任职回避等监管举措很有可能实质落空,损害广大非特定投资者的合法权益,从而损害资本市场基本交易秩序和基本交易安排,损害社会公共利益。同时,在新《公司法》全面革新控股股东、实际控制人责任体系的情况下,将其上升至《公司法》这一商事基本法中,也可视为针对完善、压实控股股东及实际控制人责任作出的体系化安排。

新《公司法》第140条第2款明确禁止违法违规代持上市公司股票,是对成熟司法裁判经验的吸收。结合现有实践关于上市公司股权代持效力的认定,该款规定将成为人民法院认定上市公司股权代持无效的关键法律依据。

总体而言,新《公司法》第140条有效衔接《证券法》,将更加有效保护投资者合法权益,提高上市公司质量,进而推动资本市场高质量发展。需注意的是,《最高人民法院关于适用〈中华人民共和国公司法〉时间效力的若干规定》(以下简称《公司法时间效力规定》)第3条规定了新《公司法》第140条第2款的溯及力,即"公司法施行前订立的与公司有关的合同,合同的履行持续至公司法施行后,因公司法施行前的履行行为发生争议的,适用当时的法律、司法解释的规定;因公司法施行后的履行行为发生争议的下列情形,适用公司法的规定:(一)代持上市公司股票合同,适用公司法第一百四十条第二款的规定……"

四、未如实披露股东及实际控制人信息的证券合规及证券诉讼风险

在证券监管领域,如果没有如实披露股东及实际控制人信息,则较易引发如下两个方面的证券违法风险:其一,构成信息披露违法违规行为,包括未披露实际控制人变更情况、未披露股权代持事项、未披露股权冻结或质押事项等瑕疵。甚至,上市公司未准确披露股东、

实际控制人信息,可能导致上市公司在关联交易、关联担保、关联方资金占用等方面均发生重大信息披露瑕疵,致使监管机构对上市公司多方面的信息披露监管实质落空,将面临监管处罚风险。其二,因违反权益变动规定而引发责任风险。根据《证券法》第63条及其他相关证券监管规则,上市公司股东在增减持过程中须严格遵循"报告+信息披露""限制期不得买卖"等权益变动规则。若上市公司在权益变动中未及时披露相关信息,则同样面临行政处罚、证券诉讼的法律风险。以下通过案例分析的方式对两类证券违法行为展开分析,旨在提醒各上市公司及其股东、实际控制人关注相关法律风险。

(一)违反信息披露规则引发的证券合规风险

在起步股份案中,2016年12月13日,起步股份董事长、实际控制人章某某和梁某某、吴某某、王某某、庄某某4人分别签订《股权代持协议书》,约定章某某以每股5元的价格向上述4人转让其间接持有的起步股份股票合计2000万股,但暂不办理过户,由章某某代为持有。在符合协议书约定的条件下,上述4人有权要求章某某回购股份。该股份代持行为发生于2016年,结束于2019年。2000万股代持股份占2018年、2019年公司总股本的比例均为4.26%。2018年年度报告、2019年年度报告中起步股份对上述股份代持行为均未予披露。

在行政预处罚阶段,起步股份申辩主张,原实际控制人章某某与梁某某等4人实为借贷关系,而非股权代持,司法实践也普遍认定类似安排应属无效,起步股份对此不负有信息披露义务;而且,起步股份原实际控制人章某某始终未将"股份代持事项"告知上市公司,起步股份不知情也无从披露"股份代持事项",不应承担信息披露行政责任。证监会查明认定,章某某与案外人签订股权代持协议,涉及股权2000万股、金额1亿元,使时任董事长、实际控制人章某某部分股权存在重大不确定性。在时任董事长与总经理均知悉该事项的情况下,起步股份并未就此履行信息披露义务,构成信息披露违法行为。进而,证监会就前述股份代持未披露以及虚增业绩等其他信息披露违法行为,对起步股份有限公司责令改正并处以500万元罚款,对章某某给予警告并处以500万元罚款,对章某某给予警告并处以250万元罚款。[1]

本案值得关注的是,即便故意隐瞒代持信息的主体是股东、实际控制人,如果上市公司对此知情,证监会也会进行行政处罚;本案中,代持股份所占比例事实上不足以导致控股股东、实际控制人发生变动,但证监会仍然进行了处罚,可见证监会从严监管的态势。

---

〔1〕 参见中国证券监督管理委员会行政处罚决定书〔2023〕80号。

(二)违反权益变动规则引发的证券合规风险

目前,证监会越发重视对违规增减持行为的监管与处罚。在法律层面,《证券法》第63条规定:"通过证券交易所的证券交易,投资者持有或者通过协议、其他安排与他人共同持有一个上市公司已发行的有表决权股份达到百分之五时,应当在该事实发生之日起三日内,向国务院证券监督管理机构、证券交易所作出书面报告,通知该上市公司,并予公告,在上述期限内不得再行买卖该上市公司的股票,但国务院证券监督管理机构规定的情形除外。投资者持有或者通过协议、其他安排与他人共同持有一个上市公司已发行的有表决权股份达到百分之五后,其所持该上市公司已发行的有表决权股份比例每增加或者减少百分之五,应当依照前款规定进行报告和公告,在该事实发生之日起至公告后三日内,不得再行买卖该上市公司的股票,但国务院证券监督管理机构规定的情形除外。投资者持有或者通过协议、其他安排与他人共同持有一个上市公司已发行的有表决权股份达到百分之五后,其所持该上市公司已发行的有表决权股份比例每增加或者减少百分之一,应当在该事实发生的次日通知该上市公司,并予公告。违反第一款、第二款规定买入上市公司有表决权的股份的,在买入后的三十六个月内,对该超过规定比例部分的股份不得行使表决权。"《上市公司收购管理办法》第13条具有相似规定。简要解读该条款即可知晓,上市公司股东需遵循十分严格的权益变动规则,在任何一笔交易过程中均不可掉以轻心。

当然,其他更为细致的权益变动规则,需要参见《上市公司股东减持股份管理暂行办法》《北京证券交易所上市公司持续监管指引第8号——股份减持和持股管理》《上海证券交易所上市公司自律监管指引第15号——股东及董事、监事、高级管理人员减持股份》等细则。总体而言,根据近期证券监管趋势,上市公司权益变动规则越发严格和细化,证券监管机构强调从严做好大股东减持管理、强化减持信披要求、严格防范绕道减持等。在此举例说明。

在贵绳股份案中,当事人章某某实际控制使用7人名下12个证券账户。2017年5月8日,章某某控制账户组持有贵绳股份股票首次超过5%;账户组2019年5月17日持股比例突破10%,2020年3月13日持股最高达到10.46%,2021年11月30日持股比例降至5%以下。结合这一持股变动过程,中国证券监督管理委员会湖南监管局根据2005年《证券法》规定认定:一是章某某首次持股超过5%时,未按规定将账户控制关系及合计持股情况告知贵绳股份,未及时履行报告和披露义务且未停止交易;二是账户组持股比例每增加或减少5%,章某某均未通知贵绳股份并予以公告,且未停止买卖该股票;其间交易每增加或减少1%,章某某均未通知贵绳股份并予以公告。因此,对章某某限制期转让违法行为、信息披露违法行为予以处罚。[1]

(三)未如实披露控股股东、实际控制人信息引发的证券诉讼风险

如相关主体未如实披露股东及实际控制人信息,也有可能引发证券虚假陈述责任纠纷。在此举例说明。

在慧球科技证券虚假陈述案中,上市公司涉及未如实披露实际控制人的关键问题。本案涉及借壳上市等错综复杂的重组背景,但简化而言,涉案情况是:不晚于2014年12月29日,顾某某通过指定第三方持有慧球科技3.8%的股权。同时,其通过与慧球科技股东及重组方的协商、协议安排,成为慧球科技董事长及法人代表,并实际掌控公司董事会,对慧球科技的重大合同签订、股权结构变更等重大事项均具有决策权,可实际支配慧球科技的行为。但慧球科技相关定期报告及12份临时报告中均披露,慧球科技无实际控制人,构成信息披露违法情形。鉴于此,证监会作出相应行政处罚。投资者随即提起虚假陈述责任纠纷,人民法院也径直依据证监会处罚认定,判决上市公司承担虚假陈述赔偿责任。[2]

---

[1] 参见中国证券监督管理委员会湖南监管局行政处罚决定书〔2023〕9号。
[2] 参见广西壮族自治区高级人民法院民事判决书,(2019)桂民终519号。

当然,实践中也有案例显示,如披露瑕疵不影响控股股东、实际控制人的稳定性,则人民法院相对审慎,不会轻易认定上市公司承担虚假陈述赔偿责任。

> 在游久游戏案中,中国证券监督管理委员会上海监管局认为,刘某与代某分别为游久游戏第二和第三大股东。2015年1月18日,双方登记结婚,刘某、代某形成一致行动人关系,合计持有公司股份比例达19.59%,合计持有公司有表决权股份占公司总股本的15.99%。但是,2人未按照2014年《证券法》第86条[1],2014年《上市公司收购管理办法》第14条[2]、

---

[1] 2014年《证券法》第86条规定:"通过证券交易所的证券交易,投资者持有或者通过协议、其他安排与他人共同持有一个上市公司已发行的股份达到百分之五时,应当在该事实发生之日起三日内,向国务院证券监督管理机构、证券交易所作出书面报告,通知该上市公司,并予公告;在上述期限内,不得再行买卖该上市公司的股票。投资者持有或者通过协议、其他安排与他人共同持有一个上市公司已发行的股份达到百分之五后,其所持该上市公司已发行的股份比例每增加或者减少百分之五,应当依照前款规定进行报告和公告。在报告期限内和作出报告、公告后二日内,不得再行买卖该上市公司的股票。"

[2] 2014年《上市公司收购管理办法》第14条规定:"通过协议转让方式,投资者及其一致行动人在一个上市公司中拥有权益的股份拟达到或者超过一个上市公司已发行股份的5%时,应当在该事实发生之日起3日内编制权益变动报告书,向中国证监会、证券交易所提交书面报告,通知该上市公司,并予公告。投资者及其一致行动人拥有权益的股份达到一个上市公司已发行股份的5%后,其拥有权益的股份占该上市公司已发行股份的比例每增加或者减少达到或者超过5%的,应当依照前款规定履行报告、公告义务。前两款规定的投资者及其一致行动人在作出报告、公告前,不得再行买卖该上市公司的股票。相关股份转让及过户登记手续按照本办法第四章及证券交易所、证券登记结算机构的规定办理。"

第八章 新《公司法》中的其他关联性制度

第15条[1]的规定履行信息披露义务,构成了2014年《证券法》第193条所述"发行人、上市公司或者其他信息披露义务人未按照规定披露信息"的违法行为,对2人给予警告,并处以30万元罚款。[2] 后续,投资者向游久游戏、刘某、代某提起证券虚假陈述责任纠纷诉讼。上海金融法院、上海市高级人民法院审理认为,代某、刘某未披露因登记结婚形成的一致行动人关系,该一致行动人关系事项并未导致游久游戏公司控股股东或者实际控制人发生变化,被处罚的行政违法行为不会对投资者的投资决策、股票价格产生实质影响而致投资者损失,该行政违法行为与投资者的损失之间缺乏因果关系,因此驳回原告诉讼请求。[3]

整体而言,证券虚假陈述责任纠纷裁判思路趋于审慎,法院在虚假陈述行为认定及交易因果关系、损失因果关系方面均进行精细化审理。在此趋势下,股东信息披露瑕疵不当然引发虚假陈述损害赔偿责任。但是:(1)如果上市公司隐瞒事项足以影响控股股东、实际

---

[1] 2014年《上市公司收购管理办法》第15条规定:"投资者及其一致行动人通过行政划转或者变更、执行法院裁定、继承、赠与等方式拥有权益的股份变动达到前条规定比例的,应当按照前条规定履行报告、公告义务,并参照前条规定办理股份过户登记手续。"

[2] 参见中国证券监督管理委员会上海监管局行政处罚决定书沪〔2017〕1号、沪〔2017〕2号。

[3] 参见谭某某与上海游久游戏股份有限公司、代某等证券虚假陈述责任纠纷案,上海市高级人民法院(2020)沪民终479号民事判决书。

控制人的稳定性,则虚假陈述赔偿责任风险相对较高;(2)如果上市公司隐瞒股东及实际控制人相关情况,导致其在关联交易、关联担保、关联方资金占用等方面披露不实,则亦有可能导致相应虚假陈述赔偿责任。

五、上市公司股权代持的合同效力

(一)司法实践的演变及趋势

《公司法》2023年修订以前,根据《民法典》第153条[1]及《最高人民法院关于适用〈中华人民共和国民法典〉合同编通则若干问题的解释》(以下简称《民法典合同编通则司法解释》)第17条[2]、《最高人民法院关于适用〈中华人民共和国公司法〉若干问题的规定(三)》第24条[3]、《九民纪要》第31条的规定,结合司法实践经验,关于股

---

[1]《民法典》第153条规定:"违反法律、行政法规的强制性规定的民事法律行为无效。但是,该强制性规定不导致该民事法律行为无效的除外。违背公序良俗的民事法律行为无效。"

[2]《民法典合同编通则司法解释》第17条规定:"合同虽然不违反法律、行政法规的强制性规定,但是有下列情形之一,人民法院应当依据民法典第一百五十三条第二款的规定认定合同无效:(一)合同影响政治安全、经济安全、军事安全等国家安全的;(二)合同影响社会稳定、公平竞争秩序或者损害社会公共利益等违背社会公共秩序的;(三)合同背离社会公德、家庭伦理或者有损人格尊严等违背善良风俗的。人民法院在认定合同是否违背公序良俗时,应当以社会主义核心价值观为导向,综合考虑当事人的主观动机和交易目的、政府部门的监管强度、一定期限内当事人从事类似交易的频次、行为的社会后果等因素,并在裁判文书中充分说理。当事人确因生活需要进行交易,未给社会公共秩序造成重大影响,且不影响国家安全,也不违背善良风俗的,人民法院不应当认定合同无效。"

[3]《最高人民法院关于适用〈中华人民共和国公司法〉若干问题的规定(三)》第24条第1款规定:"有限责任公司的实际出资人与名义出资人订立合同,约定由实际出资人出资并享有投资权益,以名义出资人为名义股东,实际出资人与名义股东对该合同效力发生争议的,如无法律规定的无效情形,人民法院应当认定该合同有效。"

第八章 新《公司法》中的其他关联性制度

权代持行为的效力认定问题,司法共识系:第一,针对有限公司及非上市的股份公司,如无法律规定的无效事由,代持协议原则上应为有效;第二,针对上市公司、属于强监管行业的部分公司(如商业银行、保险公司、信托公司等),尽管股权代持行为并未直接违反法律、行政法规的强制性规定,但如股权代持协议的内容违反金融安全、市场秩序、国家宏观政策等公序良俗的地方性法规或者部门规章、规范性文件的,代持协议可能会被认定为无效。

对上市公司而言,审判机构越来越多地将裁判理由与证券监管规则相结合,从证券市场整体法治秩序和广大投资者合法权益角度出发,认定代持上市公司股票的行为无效。进一步延伸,以上市后获利为目的而约定代持拟上市公司股权的合同亦有可能被认定无效,如最高人民法院在杨某某与林某某、常州亚玛顿股份有限公司股权转让纠纷案中认定:通过隐名代持方式投资拟上市公司,因违反相关股权清晰的监管规则,损害社会公共利益而无效。[1]

在新《公司法》施行后,该等司法实践做法仍有可能延续。但法院具有两种裁判思路:一是依据新《公司法》第140条第2款主张,上市公司股权代持构成"违法无效";二是沿用此前的裁判思路,认定上市公司股权代持"因违反公序良俗而无效"。

---

[1] 参见最高人民法院民事裁定书,(2017)最高法民申2454号。

(二)上市公司股权代持典型案例

1. 杉某与龚某股权转让案[1]

本案在2024年度成功入选人民法院案例库,具有典型性和可参考性。本案基本情况:原告杉某与被告龚某于2005年签订《股份认购与托管协议》,约定杉某以4.36元/股的价格向龚某购买上海格尔软件股份有限公司股份88万股,并委托龚某管理;龚某根据杉某的指示处分股份,对外则以自己名义行使股东权利,将收益及时全部交付给杉某。

目标公司上海格尔软件股份有限公司于2017年在上海证券交易所首次公开发行股票并上市,在发行上市过程中,龚某作为股东曾多次出具系争股份清晰未有代持的承诺。2018年,上海格尔软件股份有限公司向全体股东按每10股派发现金红利4元,用资本公积按每10股转增4股的比例转增股本。之后,龚某名下股份数量增加至123.2万股。之后,双方对《股份认购与托管协议》的效力和股份收益分配发生纠纷,杉某诉至法院请求判令:龚某交付上海格尔软件股份有限公司的股份收益,或者按照股份市值返还投资款并赔偿2018年红利损失。

---

[1] 参见上海金融法院民事判决书,(2018)沪74民初585号。

上海金融法院经审理认为,杉某作为外国投资者,投资上海格尔软件股份有限公司的行为,因不违反外商投资准入的禁止性规定,不认定无效。但杉某委托龚某代持上市公司股份的行为,仍要接受我国证券监管法律、法规的评价。时行《中华人民共和国民法总则》第153条第2款规定:"违背公序良俗的民事法律行为无效。"证券发行人应当如实披露股份权属情况,禁止发行人股份存在隐名代持情形,系由《证券法》等法律法规明确规定,关系到以信息披露为基础的证券市场整体法治秩序和广大投资者合法权益,在实体和程序两个层面均符合公共秩序的构成要件,因此属于证券市场中应当遵守、不得违反的公共秩序。隐名代持证券发行人股权的行为因违反公共秩序而无效。

2. 陈某、沈某某与上海明匠智能系统有限公司、河南黄河旋风股份有限公司等股权转让纠纷案[1]

本案基本情况:(1)2015年2月28日,实际出资人陆某某与名义股东陈某签订《股权代持协议》,约定陆某某出资2000万元,

---

[1] 参见上海市高级人民法院民事判决书,(2019)沪民终295号。

按明匠公司估值2.2亿元价格计算,认购陈某在明匠公司持有的9.1%的股权,并委托陈某代持并代为行使相关股东权利;陈某向陆某某承诺明匠公司将在6个月内被上市公司按照估值不低于3.5亿元的价格收购。(2)2015年10月19日,陆某某、陈某、沈某某、明匠公司四方签订协议,其中载明黄河旋风收购明匠公司100%股权事项已获证监会批准,陆某某可获得黄河旋风487.5万股流通股;陈某应依约支付前述代持股票的现金额。(3)2015年10月24日,黄河旋风公告其已成功并购明匠公司,陈某成为黄河旋风前十大股东。(4)后因陈某未履行协议,故陆某某起诉主张:①判令陈某支付陆某某股权折价款102,521,250元;②判令沈某某、明匠公司、黄河旋风公司对陈某的上述付款义务承担连带责任。

就上述股权代持争议,上海市高级人民法院指出:"上市公司因涉及发行人等信息披露真实的监管法规要求,要求发行人应当如实披露股份权属情况,禁止发行人股份存在隐名代持情形。这个要求不仅针对首次公开发行股票并上市的公司,也同样适用于兼并重组过程中。"在此前提下,上海市高级人民法院针对案涉两份协议分别作出效力认定:(1)案涉《股权代持协议书》虽约定陈某向陆某某承诺明匠公司被上市公司按照估值不低于3.5亿元价格收购,但该协议签订时明匠公司尚未被黄河旋风公司兼并重组,不涉及上市公司股权代持争议,故该协议合法有效。(2)案涉四方协议无论是内容还是签订过程,都涉及明匠公司与上市公司间的股权交易,即双方明知陈某替陆某某代持的明匠公司股权将溢价转化为上市公司股票,且陈某作为上市公司前十大股东,对上市公司的运营和广大证券市场的投资者产生重要影响。该协议构成上市公司定向增发股份的隐名代持,违反了证券市场的公共秩序,损害了证券市场的公共利益,陈某与陆某某之间的《股权代持协议》当然无效。

上述案例显示,无论是首次公开发行还是并购重组,抑或是其他资本运作场景下,上市公司股权代持的负面效果均具有同质性。在此情况下,人民法院会结合股东持股比例、对上市公司影响大小等因素审慎判断股权代持是否实质违反证券市场公共秩序,是否涉及严重损害证券市场公共利益情形。

还值得讨论的问题是,上市公司股权代持必然无效吗?结合法律规定及实践情况来看,对前述问题应作否定回答。在法律规定层面,新《公司法》新增"禁止违法违规代持"条款虽为强制性规定,但是违反强制性规定并不必然导致合同无效,此时还需考察:(1)相关规定的效力位阶是否为法律、行政法规;(2)即便是违反了法律、行政法规,也需进一步结合《民法典》第153条、《民法典合同编通则司法解释》第16条规定的情形进行判断。《民法典合同编通则司法解释》第16条规定:"合同违反法律、行政法规的强制性规定,有下列情形之一,由行为人承担行政责任或者刑事责任能够实现强制性规定的立法目的的,人民法院可以依据民法典第一百五十三条第一款关于'该强制性规定不导致该民事法律行为无效的除外'的规定认定该合同不因违反强制性规定无效:(一)强制性规定虽然旨在维护社会公共秩序,但是合同的实际履行对社会公共秩序造成的影响显著轻微,认定合同无效将导致案件处理结果有失公平公正……"若代持协议的实际履行给社会公共秩序造成的影响显著轻微,则认定代持协议无效将导致案件处理结果可能有失公正,代持上市公司股票的行为仍有被认定为有效的可能性。

从立法目的而言,禁止违法违规代持上市公司股票的目的清晰、明确,即维护证券市场的公共秩序、保护广大非特定投资者及中小投资者的合法利益。对于上市公司实际控制人、持股5%以上股东等受证券市场强监管的主体而言,如果其为了规避内幕交易、信息披露、关联交易、限售期等监管规则而实施股票代持行为,则对不特定公众投资者的利益影响较大,涉及违反证券市场公共秩序。但对于单纯追求股票溢价收益、持股比例较低的主体而言,其股票代持行为对证券市场公共秩序的危害程度及公共利益的影响显然是不同的,应审慎判定代持行为效力。

比如,前述陈某、沈某某与上海明匠智能系统有限公司、河南黄

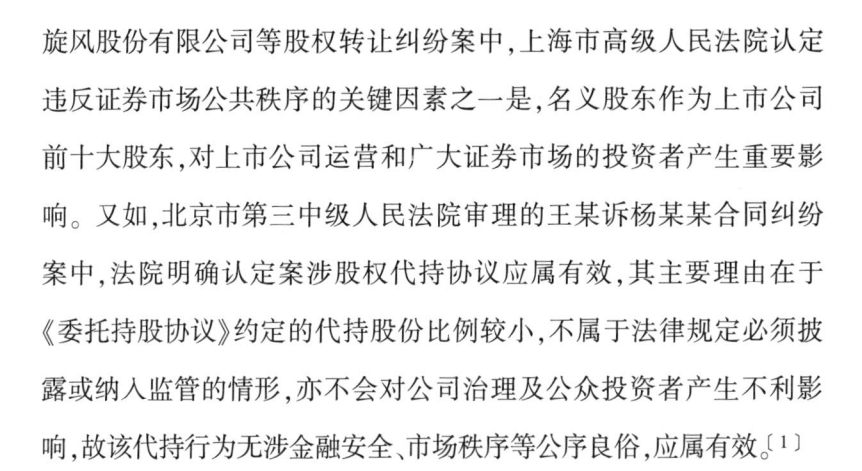

旋风股份有限公司等股权转让纠纷案中,上海市高级人民法院认定违反证券市场公共秩序的关键因素之一是,名义股东作为上市公司前十大股东,对上市公司运营和广大证券市场的投资者产生重要影响。又如,北京市第三中级人民法院审理的王某诉杨某某合同纠纷案中,法院明确认定案涉股权代持协议应属有效,其主要理由在于《委托持股协议》约定的代持股份比例较小,不属于法律规定必须披露或纳入监管的情形,亦不会对公司治理及公众投资者产生不利影响,故该代持行为无涉金融安全、市场秩序等公序良俗,应属有效。[1]

(三)股权代持无效的法律后果

《民法典》第157条规定:"民事法律行为无效、被撤销或者确定不发生效力后,行为人因该行为取得的财产,应当予以返还;不能返还或者没有必要返还的,应当折价补偿。有过错的一方应当赔偿对方由此所受到的损失;各方都有过错的,应当各自承担相应的责任。法律另有规定的,依照其规定。"《民法典合同编通则司法解释》第24条第1款规定:"合同不成立、无效、被撤销或者确定不发生效力,当事人请求返还财产,经审查财产能够返还的,人民法院应当根据案件具体情况,单独或者合并适用返还占有的标的物、更正登记簿册记载等方式;经审查财产不能返还或者没有必要返还的,人民法院应当以认定合同不成立、无效、被撤销或者确定不发生效力之日该财产的市

---

[1] 参见北京市第三中级人民法院民事判决书,(2021)京03民终6293号。

场价值或者以其他合理方式计算的价值为基准判决折价补偿。"

上市公司股权代持无效后,诉争股权在大部分情形下确属不能返还的情形,应归属于名义股东。此时,如何分配诉争股权的损益是该类案件的难点。

结合现有司法实践,上市公司股权代持被认定无效后,通常审判机构会根据股权代持双方贡献和过错程度等多方面因素,合理分配投资收益与损失。股份投资是以获得股份收益为目的并伴随投资风险的行为,折价补偿时应着重考虑以下因素:一是对投资收益的贡献程度,即谁实际承担投资期间的机会成本和资金成本,按照"谁投资,谁收益"原则,将收益主要分配给承担投资成本的一方;二是对投资风险的交易安排,即考虑谁将实际承担投资亏损的不利后果,按照"收益与风险相一致"原则,将损失主要分配给承担投资风险的一方;三是双方当事人在案涉交易中的过错程度。在此举例说明。

> 在浙江萧然工贸集团有限公司诉周某某股权转让纠纷案中,人民法院审理认为,实际出资人支付所有投资款且明知诉争股票在公司上市3年内禁止交易,应由其享有和承担主要投资收益和风险。最终,法院判令实际投资人和名义股东对投资盈利或亏损分别享有或承担60%和40%。[1]

---

[1] 参见浙江省绍兴市中级人民法院民事判决书,(2020)浙06民终1513号。

在肖某某诉张某股权转让纠纷案中,法院审理认为,若发生目标公司上市失败或经营亏损情形,最终可能遭受投资损失的亦是实际投资人,故应由实际投资人获得系争股份投资收益的大部分。最终,法院酌定实际投资人和名义股东分别获得投资收益的70%和30%。[1]

在陈某、沈某某与上海明匠智能系统有限公司、河南黄河旋风股份有限公司等股权转让纠纷案中,上海市高级人民法院审理认定,名义股东系目标公司大股东、时任法定代表人,也是后续上市公司并购重组主要交易方和内幕信息知情方,其在此时继续为实际出资人代持目标公司股权,又不向监管层披露上市公司股权真实结构,是导致代持协议无效的主要过错方。同时,名义股东是目标公司法定代表人,负责目标公司的经营,对于投资款贬损承担主要责任。因此,人民法院在认定股权价值为3822万元的情况下,酌情判定由名义股东向实际出资人支付2305万元。[2]

---

[1] 参见广东省深圳市中级人民法院民事判决书,(2019)粤03民终24178号。
[2] 参见上海市高级人民法院民事判决书,(2019)沪民终295号。

第四节　上市公司禁止纵向交叉持股

一、新《公司法》相关规定

第一百四十一条　上市公司控股子公司不得取得该上市公司的股份。

上市公司控股子公司因公司合并、质权行使等原因持有上市公司股份的，不得行使所持股份对应的表决权，并应当及时处分相关上市公司股份。

二、交叉持股制度沿革及新《公司法》的制度修改

新《公司法》第141条是就交叉持股问题的新增规定。交叉持股（cross shareholding），亦称相互持股，是指两个或两个以上主体，基于

特定目的相互持有对方发行的股份从而形成彼此投资的现象。[1]根据交叉持股公司之间是否具有母子公司关系,交叉持股可以分为纵向交叉持股和横向交叉持股。母公司持有子公司股份的同时,子公司也持有母公司股份,但数额不足以改变母子公司关系的,即为纵向交叉持股;而两个或两个以上的公司之间交叉持有股份,但是这些公司之间并未形成母子公司关系的,即为横向交叉持股。[2] 新《公司法》第141条明确其规制的系上市公司控股子公司对上市公司的持股行为,属于对纵向交叉持股的禁止。而关于交叉持股问题,我国在新《公司法》颁布前的部门规章、规范性文件、交易所自律监管规则中已有相关规定。

(一)交叉持股规制的规则演变

对于公司之间交叉持股问题,我国此前的部门规章、规范性文件、交易所自律监管规则中已有相关规定。在新《公司法》颁布前,监管规则对于交叉持股的立场大致可以分为如下阶段。

1.国有企业改制阶段对交叉持股的倡导

国务院体制改革委员会于1990年发布《在治理整顿中深化企业改革强化企业管理的意见》,强调要求继续搞好股份制改革试点,并

---

[1] 参见郭雳:《交叉持股现象的分析框架与规范思路》,载《北京大学学报(哲学社会科学版)》2009年第4期。
[2] 参见沈乐平:《论母子公司与交叉持股的法律问题》,载《社会科学研究》2003年第3期。

要求分情况对待。其中,对于企业间相互参股、持股的股份制,国务院体制改革委员会强调要积极试行。在此期间,政府对于交叉持股的倡导,主要是基于国有企业改革的背景,面向的是国有企业产权结构的股份制转型,将单一投资主体的企业改组为多元投资主体的企业,其鼓励交叉持股的出发点系通过交叉持股增强企业集团的竞争力。国务院1994年印发的《90年代国家产业政策纲要》指出,为实现规模经济和专业化协作的产业组织政策目标,鼓励企业通过平等竞争和合并、兼并、相互持股等方式,组建跨地区、跨部门、跨所有制乃至跨国经营的企业集团。

2.《公司法》颁布前对交叉持股的限制

在上述企业体制改革的过程中,对于交叉持股的倡导亦伴随监管和限制。1992年5月15日,国家经济体制改革委员会颁布的《股份有限公司规范意见》第24条规定:"公司的股份按投资主体分为国家股、法人股、个人股和外资股……(二)法人股为企业法人以其依法可支配的资产投入公司形成的股份,或具有法人资格的事业单位和社会团体以国家允许用于经营的资产向公司投资形成的股份。一个公司拥有另一个企业百分之十以上的股份,则后者不能购买前者的股份……"上述规定明确禁止股份公司参股10%以上的子公司持有该股份公司的股份。此项交叉持股限制是对于股份公司的特别限制,在国家经济体制改革委员会同期一并颁布的《有限责任公司规范意见》中则无此项限制。

3. 1993年《公司法》颁布后对交叉持股限制的松动

1993年12月29日,《公司法》正式颁布并于1994年7月1日正式实施。1993年《公司法》并未如《股份有限公司规范意见》一样限制公司间交叉持股问题。根据1995年7月3日《国务院关于原有有限责任公司和股份有限公司依照〈中华人民共和国公司法〉进行规范的通知》,1993年《公司法》施行前根据《股份有限公司规范意见》登记成立的股份有限公司必须依照1993年《公司法》进行规范并重新登记。而对于1993年《公司法》施行后新设立的股份公司,当然按照1993年《公司法》的有关规定设立并规范运行。

但1993年《公司法》施行后,有关部门并未及时废止《股份有限公司规范意见》。直至2015年5月30日,国务院发展和改革委员会方才发布第26号令,作出废止《股份有限公司规范意见》的决定,《股份有限公司规范意见》第24条的交叉持股限制规定才明确失去规范效力。

而在1993年《公司法》施行至2015年5月30日期间,《股份有限公司规范意见》禁止交叉持股的规定是否仍然具有规范效力,存在一定争议。[1]一方面,1993年《公司法》未对交叉持股问题作出明

---

[1] 例如,邵康苹在2009年发表的《关联企业债权人权益之保护——以台湾"公司法"关系企业专章之视角切入》一文中认为《股份有限公司规范意见》已失效;而蔡奕则在2005年发表的《我国上市商业银行的监管分工与合作》一文中认为《股份有限公司规范意见》是适用于上市公司的有关规范。参见邵康苹:《关联企业债权人权益之保护——以台湾"公司法"关系企业专章之视角切入》,载《经济法研究》2009年第00期;蔡奕:《我国上市商业银行的监管分工与合作》,载《经济法论丛》2005年第2期。

确规定,能否从"上位法优于下位法""新法优于旧法"的法律适用原则出发得出交叉持股的禁止性规定已被1993年《公司法》取代的结论或存在不同理解。况且,2015年国务院发展和改革委员会方才明确规定《股份有限公司规范意见》失效。另一方面,《股份有限公司规范意见》系1993年《公司法》的前身,在1993年《公司法》施行后存量及新增股份公司均按照1993年《公司法》的规定登记及运行,《股份有限公司规范意见》如继续具有法律效力或与《公司法》立法之目的相抵牾。而自1993年《公司法》施行后至交易所监管规则变更前,从上市公司经营实践看,上市公司与子公司、上市公司之间交叉持股在实践中普遍存在,监管对此并无明确否定意见。1998年,广发证券持有辽宁成大18.61%股份、辽宁成大持有广发证券24.66%股权,形成交叉持股。而就上述交叉持股交易,中国证监会于1999年8月26日批准审核。[1] 2006年,三元股份、片仔癀均存在对子公司的交叉持股情况。2014年,中国银行与中国平安、交通银行与海通证券、吉林敖东与广发证券之间亦存在交叉持股现象。上述上市公司也未曾因交叉持股事宜而受到监管机构的行政处罚。因此,无论《股份有限公司规范意见》中关于交叉持股的禁止性规范于何时废止,自1993年《公司法》施行以来,公司交叉持股的相关限

---

[1] 参见储一昀、王伟志:《我国第一起交互持股案例引发的思考》,载《管理世界》2001年第5期。

制性规定已经松动。

4. 交易所上市规则对纵向交叉持股的禁止

自2015年5月30日《股份有限公司规范意见》被明确废止后，股份公司与其子公司之间的交叉持股行为已不再被原则性禁止，但交叉持股行为的弊端始终被监管关注。早在2002年，中国证监会在《关于期货经纪公司股东资格核准条件、程序和申报材料的通知》中即要求期货经纪公司与其出资单位之间不得交叉持股。2008年，原中国银行业监督管理委员会发布的《银行并表监管指引（试行）》要求银行业监督管理机构了解银行集团内部母银行与附属机构之间是否存在交叉持股。2009年，财政部发布的《金融控股公司财务管理若干规定》第20条要求金融控股公司减少交叉持股。2010年，原中国保险监督管理委员会发布的《保险集团公司管理办法（试行）》第23条要求保险集团成员公司之间原则上不得交叉持股。在金融监管领域，交叉持股行为被严格规制。

而在上市公司层面，2019年，沪深两市修改了股票上市规则。上海证券交易所于2019年4月30日发布《关于修改〈上海证券交易所股票上市规则〉的通知》，在第11.9.5条中新增1款作为第2款："上市公司控股子公司不得取得该上市公司发行的股份。确因特殊原因持有股份的，应当在一年内依法消除该情形。前述情形消除前，相关子公司不得行使所持股份对应的表决权。"同日，深交所发布通知，对深市主板和创业板上市规则予以同步修改。北京证券交易所成立后,2021年10月30日发布的《北京证券交易所股票上市规则(试行)》中也具有相同规定。至今,2024年4月30日修订的《北京证券交易所股票上市规则(试行)》第4.1.12条第3款明确规定:"上市公司控股子公司不得取得该上市公司的股份。确因特殊原因持有股份的,应当在1年内依法消除该情形。前述情形消除前,相关子公司不得行使所持股份对应的表决权,且该部分股份不计入出席股东大会有表决权的股份总数。"由此可见,上市公司不得与控股子公司交叉持股已成为监管规则的明确规定。

(二)新《公司法》的修改和制度意义

自2019年年初人大常委会法制工作委员会成立工作专班开始修订《公司法》,公司交叉持股问题即成为重要讨论对象。2021年12月24日发布的《公司法(修订草案)》中,"上市公司组织机构的特别规定"一节中并无上市公司交叉持股禁止之规定。而2022年12月30日发布的《公司法(修订草案二次审议稿)》第141条明确规定,"上市公司控股子公司不得取得该上市公司的股份。上市公司控股子公司因公司合并、质权行使等原因持有上市公司股份的,不得行使所持股份对应的表决权,并应当及时处分相关上市公司股份"。上述规定在2023年9月1日发布的《公司法(修订草案三次审议稿)》和2023年12月29日正式发布的新《公司法》中得到了延续。

新《公司法》吸收了沪深京三市股票上市规则中控股子公司交叉持股原则性禁止的规则。该规定是对沪深京股票上市规则的有益吸收,与相关股票上市规则相互补充。一方面,新《公司法》将交易所股票上市规则中控股子公司因"特殊原因"取得上市公司股权的原因具体化,为实践判断"特殊原因"是否合理提供参考。另一方面,新《公司法》规定,上市公司控股子公司应对所持的该上市公司股份"及时处分"。虽然及时处分的表述存在模糊之处,但各证券交易所均设置期限为1年,可以作为对新《公司法》第141条规定的补充。

需同步关注的是,最高人民法院《公司法时间效力规定》第3条规定了新《公司法》第141条的溯及力,即"公司法施行前订立的与公司有关的合同,合同的履行持续至公司法施行后,因公司法施行前的履行行为发生争议的,适用当时的法律、司法解释的规定;因公司法施行后的履行行为发生争议的下列情形,适用公司法的规定……(二)上市公司控股子公司取得该上市公司股份合同,适用公司法第一百四十一条的规定……"

三、交叉持股的利弊分析

立法层面对于是否允许公司之间交叉持股的认识存在一个波动性的变化。这种认识变化的背后是纵向交叉持股行为的利弊权衡。交叉持股行为既有其相应功用,也有一定的弊端。

(一)交叉持股的有益之处

1.交叉持股能够帮助公司抵抗恶意收购

上市公司控股子公司持有上市公司股份可以帮助上市公司抵抗

可能面临的兼并收购,尤其是恶意收购的风险。对于上市公司而言,其股票具有较高的流通性,如果自身股权结构较为分散,各大股东持股比例不高,则市场主体可以通过收购二级市场自由流通的上市公司股票而快速实现对上市公司的收购,夺取上市公司的控制权。而交叉持股可以使上市公司的部分股份由上市公司信任的投资者甚至是其控制的子公司掌握,进而在面临恶意收购时事实上减少上市公司的流通股数量,增加了外部收购者收购上市公司的难度。

20世纪60年代日本政府实施资本自由化政策、减少外资进入日本资本市场限制后,日本各财阀公司为应对外国资本对其的收购行为,开展了大规模的"相互持股运动"。这种交叉持股行为使日本企业在面临外资涌入时,能够较好地抵御收购风险。日本企业的交叉持股行为是行之有效的,并未出现外国资本通过购买日本公司的股份最终收购日本公司的案例。[1] 降低收购风险后,上市公司可以更多着眼于长远经营发展,而非为保持股价、防范收购仅仅关注短期的经营表现,从而实现公司可持续发展。

2. 交叉持股有助于形成企业集团,促进企业协作

公司间交叉持股的行为能够帮助公司之间通过股权关系建立稳定的关系纽带,使各家公司的经营利润通过股东权益的方式在交叉

---

〔1〕 参见陶晟磊:《日本相互持股的公司法律制度研究及对我国的借鉴》,南京师范大学2016年硕士学位论文,第4~5页。

持股的企业集团成员之间分享,进而建立利益共同体。共同的利益能够促使公司之间进一步开展合作,共同进行业务经营协作和产品的研发。这种利益共同体的建立也能够催生企业集团,使企业从单打独斗向协力共荣的方向发展。同一行业的不同公司相互持股,能够实现各企业明确分工或集合优势攻克技术难关。同一产业链上的不同公司相互持股,由于共同分享利润,能够提供稳定的原材料和销售渠道,减少成本,进而向市场提供价格更为优惠的产品。同时,不同的企业通过交叉持股建立企业集团,也能够实现企业的战略版图拓展,增强企业抵御经营风险的能力。[1]

(二)纵向交叉持股的弊端

1.虚增公司资本,引发资本空洞

对于交叉持股中的纵向交叉持股而言,其确实能够事实上减少流通股,进而防范恶意收购,但控股子公司持有公司的股权也将导致公司变相自持股权,进而导致公司的资本空洞。假设,A公司出资100万元设立控股子公司,而A公司的控股子公司又将100万元用于购买A公司增发股权。从形式上看,A公司支出现金100万元的同时新增注册资本100万元,公司的资本规模有了较大提升,而公司支出100万元的行为对于外部人而言却难以察觉。对于外部人而

---

[1] 参见甘培忠:《论公司相互持股的法律问题》,载《法制与社会发展》2002年第5期。

言,A公司经过上述交叉持股行为后增加了100万元的注册资本,公司的资本规模所展现的偿债能力似乎出现了明显提升。但事实上,新增资本的出资系公司自身的资产,公司事实上并无新的资本注入。控股子公司将A公司的出资再度转投A公司,事实上就是将A公司的投资返还,违背了《公司法》禁止出资返还的理念,形成了A公司通过控股子公司间接持有自己公司之股权,违背了《公司法》禁止公司自持其股的规定,严重影响公司资本的真实。[1]

2. 扭曲公司治理结构

交叉持股,尤其是纵向交叉持股,可能导致公司管理层侵夺公司所有者对公司的控制作用。在公司控股子公司持有公司股权的纵向交叉持股的情况下,控股子公司作为公司的股东享有对公司的股东权利,其中包括在公司股东会中的表决权。控股子公司的表决权行使往往由控股子公司董事会决定,而控股子公司的董事会选任取决于公司。公司的董事会对于控股子公司的董事会选任具有较大的影响力。综合而言,交叉持股行为将导致公司的董事会通过推荐或直接选任控股子公司的管理层,进而直接影响控股子公司行使所持有的公司股权的表决权,实现公司管理层对于公司股东会层面决议的影响。公司其他股东的作用可能被削弱,加之公司被恶意收购的可

---

[1] 参见沈乐平:《论母子公司与交叉持股的法律问题》,载《社会科学研究》2004年第3期。

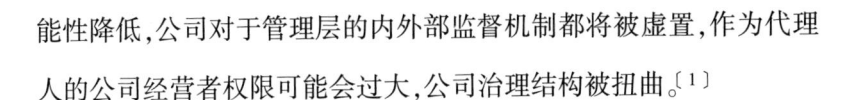

能性降低,公司对于管理层的内外部监督机制都将被虚置,作为代理人的公司经营者权限可能会过大,公司治理结构被扭曲。[1]

3.容易引发内幕交易和操纵市场

对于上市公司而言,控股子公司持有上市公司股票容易引发内幕交易和操纵股价的风险。持有上市公司股权的控股子公司的管理层由上市公司委派或选举,极易传递上市公司的内幕信息。同时,控股子公司持有上市公司股权,为上市公司提供了间接交易自身股票、操纵股价的机会。纵向交叉持股对于上市公司而言十分容易引发证券领域的相关风险事件。[2]

综合交叉持股的利弊而言,交叉持股虽然能够促进企业合作、防范恶意收购,但是交叉持股,尤其是纵向交叉持股对于公司资本、公司治理结构、证券交易等领域存在较大的弊端。因此,新《公司法》在进行了相应理论研判后,禁止上市公司控股子公司持有上市公司的股票,禁止纵向交叉持股。

综上所述,新《公司法》对于上市公司纵向交叉持股作出了原则性禁止,并对控股子公司由于特殊原因持有上市公司股票作出了特别规定。新《公司法》的相关规定为社会广泛关注的交叉持股问题提

---

[1] 参见郭雳:《交叉持股现象的分析框架与规范思路》,载《北京大学学报(哲学社会科学版)》2009年第4期。
[2] 参见沈乐平:《论母子公司与交叉持股的法律问题》,载《社会科学研究》2004年第3期。

供了法律规制依据,但就控股子公司被动持有上市公司股权的原因、控股子公司减持方式等具体问题,仍需要立法机关、司法机关和监管机构在实践中研究、探索并加以明确。